教養としての

平成お笑い史

ラリー遠田

Discover

はじめに

本書では、14の「事件」を題材にして平成のお笑いの歴史を振り返っている。

事件とひとくちに言っても、その当時に日本中を騒がせたような大事件もあれば、一部のお笑いファン以外には知られていないようなマイナーな出来事もある。

「平成のお笑いを振り返る」というテーマで、なぜ事件を取り上げることにしたのか？

それにはいくつかの理由がある。

まず、事件というものには時代性がある。1つの事件を取り上げて、深く掘り下げていけば、それが起こった当時の時代背景のようなものが自然に見えてくる。

たとえお笑いに関する事件であっても、そこにはお笑い以外の要素が絡んでくる。本書を読めば、事件を通してその時代の空気がつかめるはずだ。

また、事件という切り口にすることで、お笑い自体にそれほど詳しくない人にも興味を持って読んでもらえるのではないか、とも思った。

例えば、「平成のお笑い番組の歴史」「平成時代に活躍した芸人ベスト100」といった形で、お笑いそのものを真正面から取り上げると、お笑いの知識がない人やお笑いがそれほど好きではない人には退屈な内容になってしまうおそれがある。なるべくそうなってしまうのは避けたかった。

本書で取り上げた事件の中には、交通事故、人気凋落、引退など、ややネガティブな事件が目立つ。これは完全に私の趣味である。

お笑いの世界は一見すると華やかに見えるが、その裏では芸人たちが血のにじむような努力を重ね、人知れず苦悩を抱えている。

そんなお笑いを題材にするからには、あえて歴史の「陰」の部分に目を向けたかった。暗いところに注目することで、表舞台で輝く芸人の「陽」の部分がより鮮やかに浮かび上がってくるのではないか、と考えた。

そもそも、お笑いにおける平成とはどんな時代だったのだろうか？　詳しくは本編に譲るとして、ここでは「平成前史」として平成に入るまでの状況を簡単に整理しておきたい。

テレビのお笑いの歴史で最大の革命が起こったのは1980年だった。空前の「漫才ブーム」が到来して、多くの若手漫才師が爆発的な人気を博した。

このブームの波に乗って出てきたスターの1人がビートたけしである。たけしの生み出す笑いは、それまでのテレビにあった萩本欽一やザ・ドリフターズの作る笑いとは全くの別物だった。

「赤信号みんなで渡れば怖くない」という交通標語のパロディネタに代表されるような、モラルやルールを踏み越える笑いの感覚は斬新だった。

たけしと並んで80年代に活躍していたのが、タモリと明石家さんまである。彼ら3人に共通するのは、その場のノリを重視して、本音をぶつけ合う即興のやりとりで笑いを取るのを得意としていたということだ。

昭和末期の80年代は、リアルな笑いを追求するタモリ・たけし・さんまの「お笑いビッグ3」が最も勢いに乗っていた時代だった。

だが、平成が始まった1989年には、そんな彼らの勢いにも陰りが見られていた。この時期には、とんねるず、ウッチャンナンチャン、ダウンタウンなど、「お笑い第三世代」と呼ばれる新しい世代の芸人が台頭しつつあった。

「お笑い第三世代」は「お笑いビッグ3」の牙城を崩すことができるのか？　本格的な戦いがまさに始まろうとしていた。これが平成元年のお笑い界の勢力図である。

最後に、本書の構成について簡単に述べよう。本書では、平成を代表する14のお笑い関連の事件を扱っている。

基本的には最初から順番に読んでもらえばいいのだが、それぞれが独立した章になっているので、興味のあるところから読み進めてもらっても構わない。

価値観が多様化している現代においても、お笑いや芸人に関することだけは幅広い世代に共通の話題となりうる。平成を生きた私たちは何らかの機会にそれらに触れていて、少なからず影響を受けているからだ。

そういう意味で、平成のお笑い史は一種の「教養」として振り返っておく価値がある。

本書を通して、平成の世を駆け抜けた芸人たちの息づかいのようなものを感じていただけたらと思う。

消費税（3%）が始まる
美空ひばり、死去

イラクがクウェート侵攻
東西ドイツ統一

湾岸戦争勃発
雲仙普賢岳噴火、大規模な火砕流が発生

尾崎豊、死去
PKO 協力法成立

皇太子徳仁親王、小和田雅子さんと結婚
総選挙で自民党過半数割れ。55 年体制崩壊

日本人初の女性宇宙飛行士・向井千秋、宇宙へ
大江健三郎、ノーベル文学賞受賞

地下鉄サリン事件発生
阪神・淡路大震災

「ポケットモンスター（赤・緑）」発売
在ペルー日本大使公邸占拠事件発生

神戸連続児童殺傷事件発生
山一証券、北海道拓殖銀行など金融機関の破綻相次ぐ

北朝鮮のミサイル「テポドン」が三陸沖に落下
「Windows 98」発売

茨城県東海村の核燃料施設で臨界事故発生
NTT ドコモ「i モード」サービス開始

ヤフーの株価が 1 億円を超える
新紙幣「二千円札」発行

小泉純一郎内閣が発足
アメリカ同時多発テロ発生

日韓ワールドカップ開催
初の日朝首脳会談。拉致被害者 5 人が帰国

イラク戦争勃発
六本木ヒルズ、オープン

日本国内で 79 年ぶりに「鳥インフルエンザ」発生確認
スマトラ島沖地震

JR 福知山線で脱線事故
小泉首相が「郵政解散」。総選挙で自民党が圧勝

「ライブドア事件」で堀江貴文が逮捕される
安倍晋三内閣が発足

1989	平成元年	『オレたちひょうきん族』終了 『邦ちゃんのやまだかつてないテレビ』放送開始 ビートたけしが『その男、凶暴につき』で映画監督デビュー
1990	平成2年	『ウッチャンナンチャンのやるならやらねば』放送開始 藤山寛美、死去 イギリスのコメディ『Mr.ビーン』が日本でも大ヒット
1991	平成3年	『ダウンタウンのごっつええ感じ』放送開始 とんねるずが『NHK 紅白歌合戦』出演 チャーリー浜が「…じゃあ～りませんか」で新語・流行語大賞受賞
1992	平成4年	明石家さんま離婚 『進め！電波少年』放送開始 『タモリのボキャブラ天国』放送開始
1993	平成5年	『ダウンタウン DX』放送開始 ハナ肇、死去
1994	平成6年	ビートたけしバイク事故 『恋のから騒ぎ』放送開始 松本人志の著書『遺書』が発売、ベストセラーに
1995	平成7年	山田邦子、不倫報道で人気凋落 青島幸男が東京都知事、横山ノックが大阪府知事に就任 NSC（吉本総合芸能学院）東京、開校
1996	平成8年	『めちゃ×2イケてるッ！』放送開始 『ウッチャンナンチャンのウリナリ！！』放送開始 横山やすし、死去
1997	平成9年	松本人志『ごっつええ感じ』降板 北野武、ヴェネツィア国際映画祭で金獅子賞受賞 『踊る！さんま御殿！！』放送開始
1998	平成10年	萩本欽一、長野五輪閉会式の司会 『笑う犬の生活』放送開始 パイレーツが「だっちゅーの」で新語・流行語大賞受賞
1999	平成11年	『爆笑オンエアバトル』放送開始 『イナズマ！ロンドンハーツ』放送開始 桂枝雀、死去
2000	平成12年	上岡龍太郎、引退 『内村プロデュース』放送開始 荒井注、死去
2001	平成13年	『はねるのトびら』放送開始 『M-1グランプリ』スタート 東京・新宿に「ルミネ the よしもと」オープン
2002	平成14年	『R-1ぐらんぷり』スタート 『行列のできる法律相談所』放送開始
2003	平成15年	笑福亭鶴瓶、深夜の生放送で局部露出 『エンタの神様』放送開始 『アメトーーク！』放送開始
2004	平成16年	『笑いの金メダル』放送開始 いかりや長介、死去 ワタナベコメディスクール開校
2005	平成17年	『爆笑問題の検索ちゃん』放送開始 『ゴッドタン』放送開始 ポール牧、死去
2006	平成18年	『太田光の私が総理大臣になったら…秘書田中。』放送開始 劇団ひとりの小説『陰日向に咲く』発売、ベストセラーに 東京・渋谷に「ヨシモト∞ホール」オープン

東国原英夫（そのまんま東）が宮崎県知事に当選
「iPhone」発売

秋葉原無差別殺傷事件発生
アメリカの証券大手リーマン・ブラザーズが破綻（リーマン・ショック）

衆院選で民主党が圧勝。鳩山由紀夫内閣が発足
バラク・オバマがアメリカ大統領に就任

尖閣諸島沖で中国漁船が海上保安庁の巡視船に衝突
日本航空が経営破綻

東日本大震災
米軍がアルカイダの指導者オサマ・ビンラディンを殺害

レスリングの吉田沙保里が国民栄誉賞受賞
東京スカイツリー竣工

富士山が世界遺産に登録される
ドラマ『半沢直樹』が大ヒット

消費税が 8%になる
IS（イスラム国）が国家樹立を宣言

マイナンバー制度が始まる
ラグビー W 杯で日本代表が南アフリカ代表に勝利

選挙権年齢が 18 歳以上に引き下げ
SMAP 解散

棋士の藤井聡太四段がデビューから 29 連勝
ドナルド・トランプがアメリカ大統領に就任

安室奈美恵、引退
日産自動車のカルロス・ゴーン会長が逮捕される

横綱・稀勢の里が引退を発表

2007	平成19年	有吉弘行、品川祐に「おしゃべりクソ野郎」発言 サンドウィッチマン『M-1』で敗者復活から優勝 松本人志が『大日本人』で映画監督デビュー
2008	平成20年	『爆笑レッドカーペット』レギュラー放送開始 『キングオブコント』スタート エド・はるみが「グ～！」で新語・流行語大賞受賞
2009	平成21年	『爆笑レッドシアター』放送開始 『ブラタモリ』放送開始 品川ヒロシが『ドロップ』で映画監督デビュー
2010	平成22年	スリムクラブ『M-1』で放射能ネタ 『ピカルの定理』放送開始 『クイズ☆タレント名鑑』放送開始
2011	平成23年	島田紳助、引退 『THE MANZAI』スタート 立川談志、死去
2012	平成24年	『はねるのトびら』終了 スギちゃんが「ワイルドだろぉ」で新語・流行語大賞受賞
2013	平成25年	『有吉反省会』放送開始 『ワイドナショー』放送開始
2014	平成26年	タモリ『笑っていいとも！』終了 日本エレキテル連合が「ダメよ～ダメダメ」で新語・流行語大賞受賞 タモリが菊池寛賞受賞
2015	平成27年	又吉直樹、芥川賞受賞 『M-1 グランプリ』が復活 『さんまのお笑い向上委員会』放送開始
2016	平成28年	ピコ太郎『PPAP』が世界中で大ヒット 北野武がレジオン・ドヌール勲章オフィシエを受章 『さんまのまんま』レギュラー放送終了
2017	平成29年	『ウチのガヤがすみません！』放送開始 『ネタパレ』放送開始
2018	平成30年	『とんねるずのみなさんのおかげでした』終了 『めちゃ×2イケてるッ！』終了
2019	平成31年	

教養としての平成お笑い史　**目次**

2章　1994年(平成6年)　ビートたけしバイク事故

5章　1998年（平成10年）萩本欽一、長野五輪閉会式の司会

6章　2000年(平成12年)上岡龍太郎、引退

7章　2003年（平成15年）
笑福亭鶴瓶、深夜の生放送で局部露出

8章　2007年(平成19年)　有吉弘行、品川祐に「おしゃべりクソ野郎」発言

9章　2007年（平成19年）
サンドウィッチマン『M－1』で敗者復活から優勝

12章　2014年（平成26年）タモリ『笑っていいとも！』終了

13章　2015年（平成27年）又吉直樹、芥川賞受賞

14章　2016年（平成28年）ピコ太郎『PPAP』が世界中で大ヒット

1992年
（平成4年）

明石家さんま
離婚

1章

伝説のバツイチ会見

「バツイチですわ。あとでカミさんはバツを2つ付けて出てくると思います」

額に書いた「×」の印を見せながら、明石家さんまは報道陣を前にそう言った。

1992年9月9日、新宿・河田町のフジテレビにてさんまと大竹しのぶの離婚会見が開かれた。さんまと大竹が同じ会見場に1人ずつ現れて話をする異例の会見だった。

芸人たる者、いついかなるときにも人を笑わせなくてはいけないと考えているさんまは、額にバツを書いて「バツイチ」というギャグを仕込んでいたのだが、報道陣の誰にも気付かれなかったため、自らそれに言及した。残念ながら期待していたほどの笑いは起こらなかった。

この会見の後に『笑っていいとも！』（フジテレビ系）でタモリがこのことに触れて、「あれは自分から言っちゃダメだよ」とダメ出しをしていたことを私は覚えている。

「夏物語で出会って、秋物語で恋をし、そして今は冬物語ですわ」「子はかすがいの甘納豆にならなかったんですよ」など、この会見でさんまが繰り出したギャグはいずれも不発気味に終わっている。離婚会見とは笑いが求められる場所ではないからだ。だが、さんまは最後まで芸人としてのファイティングポーズを崩さなかった。

この離婚はさんまにとって重要な転機となった。なぜなら、世間では「さんまは結婚してからつまらなくなった」と言われていたからだ。

離婚は一個人の人生においては悲劇的なことかもしれないが、芸人・さんまにとっては起死回生のチャンスだった。

現在に至るまで約40年にわたってテレビの第一線を走り続けてきたさんまにとって、結婚していた期間が唯一の低迷期だった。この離婚は彼に何をもたらしたのだろうか。

憧れていた大竹しのぶと共演

1975年、兵庫・西宮にある家賃7500円のオンボロアパートで、落語家を志す1人の青年が小さなテレビを見つめていた。修業時代の明石家さんまである。

電球を買う金すらない極貧ぶりで、夜になるとテレビの青白い光だけが頼りだった。それでも落語の修業のためにテレビだけは手放さず、1人で家にいるときは演芸番組やドラマを見続けた。

そんな生活の中で心の支えになったのが、ＮＨＫの朝の連続テレビ小説『水色の時』だった。当時17歳だった大竹しのぶが主役を務めていた。若者らしいふっくらした体形で、そのあどけなさが魅力的だった。

さんまは毎朝テレビ越しに彼女を見て、密かに憧れを抱いていた。

桂三枝（現・桂文枝）が司会を務める大阪の番組『ヤングＯＨ！ＯＨ！』（毎日放送）への出演をきっかけに、さんまはテレビタレントとしての才能を開花させていった。軽妙なしゃべりと甘いマスクで関西の女性ファンからはアイドル的な人気を博した。

劇場に出るときには出口で大量の女性ファンがさんまが現れるのを待ち構えるようになった。当時の彼は「西の郷ひろみ」の異名を取っていた。

１９８０年代に入り、『オレたちひょうきん族』『笑っていいとも！』などに出演するようになってからは、全国レベルで爆発的な人気を博すようになり、好感度ナンバーワンタレントになった。

スターになったさんまにチャンスがめぐってきた。１９８６年、憧れの存在だった大竹と『男女7人夏物語』（ＴＢＳ系）で共演することになったのだ。

ただ、この時点ではさんまは大竹に恋愛感情を抱いてはいなかった。なぜなら、大竹はTBSのディレクターだった服部晴治と結婚していたからだ。

ただ、この頃、2人の結婚生活には暗雲が立ち込めていた。服部が胃がんに冒され、「余命1年」と告げられていたからだ。大竹は服部との間に第一子となる「二千翔《にちか》」をもうけたばかりで、私生活では落ち着かない日々を送っていた。

大竹はそれまで女優として重い役柄ばかりを演じてきた。さんまと共演することで、自分の中の明るい部分を引き出してもらいたいと考えていた。

いざ蓋を開けてみると、『男女7人夏物語』は最高視聴率31・7％という高視聴率を記録。歴史に残る大ヒットドラマとなった。

脇を固める池上季実子、奥田瑛二、片岡鶴太郎、賀来千香子、小川みどりら俳優陣の熱演に加え、さんまと大竹の漫才のような掛け合いも評判を呼んだ。

この共演を機に、さんまは大竹と家族ぐるみの付き合いをするようになった。夫の服部とも一緒に食事をしたり、テニスを楽しんだりする仲になった。

自らの死期が近いことを悟っていた服部は、さんまに対して密かに「僕がいなくなってから、しのぶのことを面倒見てやってくれ」と言い残していたという。

１９８７年、服部の容態が急激に悪化していく中で、大竹のもとに『男女7人夏物語』の続編のオファーが届いた。夫を放り出して仕事をする気になれなかった大竹はいったんは断ったのだが、思い直して引き受けることにした。

１９８７年7月24日、服部は47歳の若さでこの世を去った。9月には『男女7人夏物語』の続編である『男女7人秋物語』の撮影が始まった。

夫を亡くしてから大竹はますますさんまのことを頼りにするようになった。強い孤独感に襲われて眠れない夜にはさんまに電話をかけて、他愛もない話をした。さんまは深夜に延々と続く大竹の話を優しく聞いていた。

そんな日々を過ごすうちに、さんまも彼女に惹かれている自分に気付いた。交際が始まると2人の距離はますます縮まっていった。

笑いの道をひた走るさんまにとって、結婚をするかどうかは人生の一大事だった。当時のさんまは女遊び好きの明るく軽薄なイメージで知られていた。妻子を持って守るものができてしまうと、今まで通りの路線を貫くのは難しいし、笑いの取り方にも制限が出てくる。

それでも、さんまは決断を下した。新しい自分に生まれ変わる覚悟を決めて、大竹にプロポーズをした。

１９８８年10月、さんまと大竹の結婚が発表された。かねてから交際の噂はあったものの、結婚の情報はマスコミにも一切知らされておらず、突然の発表に世間も驚いた。

昭和天皇が重病に陥っていたため、記者会見は自粛して、入籍の事実のみを文書で報告する形となった。

１９８９年1月7日、昭和天皇が崩御。平成の始まりとほぼ同時期にさんまの結婚生活がスタートした。

結婚後に人気が低迷

さんまはテレビタレントとしてのキャラクターを一新するつもりでいた。その端緒となったのが結婚直後の１９８８年11月に始まった『あっぱれさんま大先生』（フジテレビ系）である。子供たちを相手にする番組を始めることで、子供好きの家庭的な一面を出そうとしたのだろう。

大竹の連れ子である二千翔には自分のことを「ボス」と呼ばせていた。実の父親ではない自分を「パパ」「お父さん」などとは呼びにくいだろうというさんまなりの気遣いだった。

だが、家庭を守りながらタレントイメージを一新するという試みはなかなか上手くいかなかった。結婚後のさんまには目に見えて勢いがなくなり、週刊誌でもバッシング記事が目につくようになった。

「やっぱり結婚してからおかしくなった明石家さんまの末期症候群」(『週刊大衆』1989年7月17日号)、「毒のないさんまは、この秋人気低迷中」(『週刊テーミス』1990年10月10日号)など、その書きっぷりは極めて辛辣である。

大きな変化の1つは私生活の切り売りをやめたことだ。芸能マスコミに対して愛想が悪くなり、取材を拒否するようになった。

大竹が妊娠していた時期には、日用品の買い出しや子供の幼稚園への送り迎えもさんまが担当していた。人付き合いが悪くなり、仕事に遅刻することも目立つようになっていた。

結婚当初はテレビやラジオで妻に対する不満を面白おかしく語ったりもしていたのだが、大竹がそれを嫌がっていたため、だんだん話さなくなっていった。さんまは単なるマイホームパパに成り下がり、かつての輝きを失っていた。

NHK放送文化研究所の「好きなタレント調査」では、1985年度から1989年度までさんまが男性部門の1位だったのだが、1990年度にはその座から陥落してしまった。

1989年10月には『オレたちひょうきん族』が終了。その1年後の1990年10月の時点でさんまの全国ネットのレギュラー番組は『笑っていいとも！』『さんまのまんま』『あっぱれさんま大先生』のみで、ゴールデンタイムには1本も入っていなかった。

結婚生活に不満を持っていたのは大竹も同じだった。結婚当初、大竹は仕事をしばらく中断して育児に専念することに決めていた。さんまもそれを望んでいたからだ。

しかし、それまで仕事一筋で歩んできた大竹は、専業主婦としての毎日に寂しさを感じていた。

1年半の主婦生活の後、大竹は親しいプロデューサーからの仕事依頼で復帰を決意した。復帰することをさんまに相談したところ「やっぱりな」と言われた。

いざ仕事に復帰してみると、心の底から楽しいと思えた。現場で盛り上がり、自分の居場所はここなのだと実感することができた。

大竹がのびのびと仕事を楽しんでいた一方、さんまは低迷を抜け出せず苦しんでいた。

そんな2人の間に子供が生まれた。その女の子にさんまは「いまる」という名前をつけた。

さんまの座右の銘である「生きてるだけで丸儲け」から取っている。「いまる」「二千翔」「さんま」「しのぶ」で「1・2・3・4」という並びになるという意味もあった。

また、4人家族で暮らすために目黒区に家を買った。大竹には「この家が2人の絆を復活させるきっかけになるのではないか」という淡い期待もあった。

だが、そうはならなかった。ささいな行き違いが重なり、言い争うことが増えた。そして、どちらからともなく離婚を決めることにした。

離婚会見当日の朝の模様を大竹が自身のエッセイで書いている。大竹は会見に臨むさんまの洋服にアイロンをかけていた。

家を出る間際、さんまは大竹の方を振り返り、体に腕を回して言った。

「帰ってくる」

「えっ?」

一体、どういう意味なんだろう。私は次の言葉を待った。

「いつか、君は必ず帰ってくる」

彼は、こう言って腕をほどいた。そして、家を出ていった。

（大竹しのぶ著『私一人』幻冬舎）

この別れ際の言葉について、さんまはのちに「俺はそんなこと言ってない」「嘘ばっかり書いてる」と全面否定している。真相は2人にしか分からない。

こうして約4年にわたる2人の夫婦生活にピリオドが打たれた。

内閣府男女共同参画局のデータによると、彼らが離婚した1992年には史上初めて「共働き世帯の数」が「夫だけ働く世帯の数」を上回っている。

1986年には男女雇用機会均等法が施行され、1992年には育児休業法が施行された。平成に入り、女性の社会進出がようやく本格的に始まったが、働きながら家庭を持って子供を育てるという生き方のモデルがまだ存在しない時代だった。

現在に至るまでの大竹の女優としての輝かしい足跡を見れば、彼女が家庭だけにとどまっていられない才能の持ち主であることは一目瞭然である。

だが、結婚の時点では大竹もさんまも無意識のうちに「女は家庭に入るもの」という昭和的価値観に縛られていたのだろう。

『恋のから騒ぎ』で人気が復活

離婚を機に、再びさんまの快進撃が始まった。1992年には『さんまのからくりTV』（TBS系）、1993年には『さんまのナンでもダービー』（テレビ朝日系）と立て続けにゴールデンのレギュラー番組がスタートした。

そんなさんまの完全復活を象徴するのが、1994年に始まった『恋のから騒ぎ』（日本テレビ系）である。ひな壇に個性豊かな一般人の若い女性がズラッと並び、自身の恋愛体験などを赤裸々に語っていく番組だ。

現在ではすっかり当たり前になった「ひな壇トークバラエティ」の先駆けとも言える番組である。

この番組が始まったのは、昭和のバブル景気の余韻が残っていた時代。「男におごってもらって当然」という意識を持った高飛車な女性がまだまだ数多く存在していた。そんなお高くとまった「バブル女」にさんまが愛のある説教をする、というのが当初のコンセプトだった。

さんまは、自身の恋愛遍歴の中でわがままな女性に振り回されてきた個人的な恨みをぶつけるかのように、彼女たちから話を引き出し、鋭くツッコミを入れていった。

さんまと女性たちの「百人組手」は、どんな話が飛び出すか分からないスリリングな面白さに満ちていた。この番組からは西川史子、小林麻耶をはじめ、のちに人気タレントとなる人物も輩出されていった。

1997年にはこの形式の番組がゴールデンタイムでも新たに始まることになった。それが『踊る！さんま御殿!!』（日本テレビ系）である。さんまが数多くのタレントを相手にトークを展開していくこの番組は、さんまにうってつけの企画だった。開始当初から人気になり、今でも日本テレビの看板番組として定着している。

さんまはプライベートでも絶好調だった。軽薄な女好きのキャラクターも復活して、共演する数々の女性タレントと浮き名を流し、「共演者キラー」と呼ばれるようになった。

また、週刊誌の取材にも気さくに応じるようになった。週刊誌記者の間では「新人はさんまに取材するところから始めろ」という言い伝えがあるほどだ。直撃取材をしても決して拒否をせず、きちんと答えてくれるからだ。

1995年度にはNHKの好感度調査で1位に返り咲いた。その後も各種の好感度アンケートで首位を独走している。

「アイドル芸人」から唯一無二の存在へ

人気も影響力もすっかり元通りになったように見えるが、結婚前と離婚後ではさんまのキャラクターが微妙に異なっている。

なぜなら、結婚前のさんまは若かったからだ。その当時のさんまは何よりも「アイドル芸人」として圧倒的な輝きを放っていた。

だが、年齢を重ねて、その路線を維持することが難しくなっていた。さんまが「西の郷ひろみ」と言われるほどの人気を博していた80年代当時、30代を越えるアイドルの成功モデルが存在していなかった。ＳＭＡＰ、ＴＯＫＩＯなど30歳越えのアイドルが第一線で活躍するようになるのは90年代以降である。

さんまが結婚してから目に見えて勢いが衰えたように見えたのも、単に結婚だけが直接の原因ではない。30歳を越えたさんまが、アイドル芸人の殻を破って新しいキャラクターを見つけるまでの模索期だったのだ。

離婚後のさんまは、ただのアイドルでもなくただの芸人でもない、「明石家さんま」という1つのジャンルになった。

還暦を過ぎた今でも「恋多き遊び人」というイメージを保ち、剛力彩芽など年下女性への恋心を堂々と語る。10〜20代の若い女性タレントにも対等な目線で話しかけて、色気と下心を放ち続ける。

現在のさんまが完全無欠の存在に見えるのは、結婚期間という試行錯誤の時期があったからだ。芸能人生で最大の危機を乗り越えたさんまは、平成の世に君臨する笑いの王となった。

1994年
（平成6年）

ビートたけし
バイク事故

2章

バイク事故は自殺のようなものだった

「脳味噌、陥没だ。よくても植物人間だぞ」（ビートたけし著『顔面麻痺』太田出版）

1994年8月2日午前3時頃、ビートたけしの弟子の1人である負古太郎《まけふるたろう》は、四谷警察署の取調室で警察官からそう告げられた。

その少し前に、たけしがバイク運転中に事故を起こし、東京医科大学病院に運び込まれたと警察から連絡を受けていた。すぐに警察署に駆けつけた負は、そのことで事情聴取を受けていたのだ。

8月2日午前1時37分、新宿区南元町の都道でミニバイクを運転していたビートたけしは、右カーブを曲がり切れずにガードレールに接触転倒した。病院に運ばれ、右側頭部頭蓋骨陥没骨折、脳挫傷、右頬骨複雑骨折で長期入院が必要と診断された。

ビートたけしがバイク事故を起こして入院したというニュースは日本中に衝撃を与えた。当時のたけしは今と同様にテレビ界のトップスターだった。ゴールデンタイムを中心に多数のレギュラー番組を持ち、いずれも高い視聴率を保っていた。

たけしが事故を起こしたという第一報を聞いたとき、多くの人は「またか」と感じたのではないかと思う。彼が騒動を起こして世間を驚かせたのはこれが初めてではなかった。

1回目の騒動があったのは1986年12月。たけし軍団のメンバー11人を引き連れて講談社のフライデー編集部を襲撃して、傷害の罪に問われた。その後、約7カ月の謹慎生活に入った。このときにも人気絶頂にあったたけしは、その地位をかなぐり捨てるかのように凶行に及んでいた。

今回も状況は似ていた。たけしは酒を飲んでバイクを運転していたのだ。順風満帆に見えたスターの突然の異常行動だった。事故現場には大量の血液が流れた跡が残っていた。死んでいてもおかしくない大事故だった。

たけしはのちにこのときのことを振り返り「自殺のようなものだったのかもしれない」と語っている。たけしのバイク事故とは何だったのか。そして、彼はそれをどう乗り越えて、次のステージへと上り詰めていったのだろうか。

自らの衰えに苛立つ日々

バイク事故前、たけしは苛立っていた。テレビの前にいる一般視聴者にはそれは伝わっていなかったかもしれない。『平成教育委員会』『天才・たけしの元気が出るテレビ!!』『世界まる見え!テレビ特捜部』『ビートたけしのTVタックル』など、レギュラー番組はどれも軌道に乗っていて順調だった。

だが、40代後半を迎えたたけし自身は、芸人としての自らの衰えに自覚的だった。若い頃だったら口をついて出ていた人名などの固有名詞が出てこなくなっていた。ここでこの人をあの有名人に例えたら笑いが取れるのに、その言葉が出てこない、というようなことが続いた。語呂合わせのような独自の記憶術を使って何とか対応しようと考えたこともあったが、上手くいかなかった。

お笑いはスポーツに似ていて、反射神経のようなものが求められる。適切な間合いで適切な言葉を発しなければ笑いを取ることはできない。老化によって脳や肉体が衰え始めると、芸人としての能力も落ちてきてしまう。そのことがたけしを苛立たせていた。

確かにテレビの仕事は順調だ。しかし、従来通りのレギュラー番組が継続しているだけで、新しいことができているわけではない。

平成に入ってからのたけしは、テレビよりも映画に力を注いでいた。1989年公開の『その男、凶暴につき』で映画監督業を始めた彼は、そこから本格的に映画製作にのめり込んでいった。

1993年に公開された4作目の『ソナチネ』は、たけしにとって自信作だった。だが、配給会社には全く評価されず、十分な宣伝も行われなかった。客入りは芳しくなく、公開からわずか2週間で打ち切りになった。

これは彼にとって大きなショックだった。手応えがあった映画だったのに、それが世間に伝わらず、誰からも認められない。もどかしさと苛立ちがつのるばかりだった。

1994年に制作した『みんな~やってるか!』（1995年公開）は、そんなたけしの暴発寸前の心情をそのまま表したような異色作だった。あまりにバカバカしく安っぽいコントのようなシーンがひたすら続く映画だった。

この作品でたけしは映画を壊し、コメディを壊し、物語を壊そうとした。自らの苛立ちをぶつけるように映画を撮っていた。映画製作に関してもそれほど精神的に追い込まれた状態だったのだ。

さらに、当時、愛人との交際が噂されていて、マスコミに追い回されていた。それも彼の苛立ちに拍車をかけた。

幻に終わった「お笑いビッグ2」計画

お笑い界では確実に世代交代の波が押し寄せていた。1989年に大阪から東京に出てきたダウンタウンは、じわじわと人気を伸ばしていき、1994年には空前の大ブレークを果たしていた。この年に出版された松本人志の著書『遺書』(朝日新聞社)は200万部を超えるベストセラーとなった。

「笑いのカリスマ」として若い世代を中心に圧倒的な支持を得ていたことから、松本とたけしは何かと比較されがちだった。80年代を代表するカリスマ芸人がたけしだとしたら、90年代を代表するのは松本に違いない、という空気があった。

一方、1994年には『タモリのSUPERボキャブラ天国』(フジテレビ系)という番組で「ボキャブラヒットパレード」というコーナーが始まった。若手芸人たちが駄洒落のような言葉遊びの「ボキャブラネタ」で競い合うという企画だ。

これが「ボキャブラブーム」と呼ばれる若手芸人ブームの源泉になった。爆笑問題、ネプチューン、くりぃむしちゅー、土田晃之など、のちにテレビの中心を占める芸人たちがこれをきっかけに世の中に出ていった。

たけしもそんな若手の台頭を指をくわえて眺めていたわけではなかった。2018年10月15日放送の『1番だけが知っている』（TBS系）で明石家さんまが語っていたところによると、当時たけしは盟友であるさんまに「10月から一緒にコント番組をやろう」と声をかけていたのだという。

たけしが新たな番組を立ち上げようとしていたのは、さんまが『明石家多国籍軍』（TBS系）という自身のレギュラー番組をやっていた裏の枠だった。

さんまは、先輩であるたけしの申し出を受け入れて、自分の都合で『明石家多国籍軍』を終わらせて、たけしの新番組に備えていた。

ところが、そんな矢先にバイク事故が起こった。この事故によって「お笑いビッグ3」のうちの2人が並ぶコント番組の計画は泡と消えてしまった。

のちにさんまがたけしに確認したところ、たけしはそもそもさんまにそういう相談を持ちかけたこと自体を覚えていなかったという。

事故前のことに関してたけしが語っている資料を見ると「覚えていない」「分からない」という言葉が目立つ。それほど異様な精神状態にあったのだろう。

そして、事故が起こった。たけしは事故が起きるまでの経緯も全く思い出せなかった。

事故の前日にたけしはバイクを購入していた。以前、持っていた自転車が盗まれたことがあったので、疲れないし小回りがきくバイクの方が便利ではないかと思い、買っていたのだ。

当日の夜、酒を飲んで酩酊状態にあった彼はなぜかバイクの運転の練習をしようと思い立ち、バイクにまたがった。

そこで本人の意識はぷつりと途切れている。次に気付いたときには病院のベッドの上だった。その間の記憶はすっぽりと抜け落ちていた。

事故現場は見通しのいい緩やかなカーブで、事故が起こりやすい場所ではない。道路にはブレーキ跡も残っておらず、ブレーキもかけずにガードレールにぶつかっていったと思われる。

状況から判断する限りでは、それは確かに無意識の自殺のようなものだったのかもしれない。

事故が起こって病院に運ばれるまでの間、たけしは幻を見ていた。

気がついたら、おいらがヌイグルミを持って佇んでいるんだ。そう、背中にジッパーのついている全身タイプの奴。ジッパーはだらしなく下がったままんまで、いつでもずぼっとはけるようになっている。

それが、傷だらけで、ボロボロになったおいら自身のヌイグルミなんだよ。

（ビートたけし著『たけしの死ぬための生き方』新潮文庫）

そのヌイグルミは事故で傷ついた自分の肉体の象徴だった。事故のショックで精神と肉体が分離して、肉体は「精神が借りてる着物」だということが分かってしまった。

できればこのボロボロのヌイグルミを着たくはない。でも、ほかに着るものはないからこれを着るしかない。たけしはぼんやりとそう感じていた。

森社長の非情な決断

事故の一報を聞いた所属事務所「オフィス北野」の社長（当時）である森昌行《もりまさゆき》は、状況を一通り把握した後、すぐさまたけし復帰に向けて動き出していた。

幸いにも、森は「命には別状がない」ということを早い段階で医師から聞かされていた。肉体的には遅かれ早かれ回復することができる。あとは仕事に復帰するまでの道筋を作るだけだった。

事故直後のたけしの状態は衝撃的なものだった。顔面が倍ぐらいに腫れ上がり、集中治療室からは絶え間なくうめき声が漏れていた。

森が恐れていたのは、そのようなたけしの状態が何らかの形で外部に漏れて、それを知ったテレビのスタッフが「復帰は不可能」という判断を勝手に下してしまうことだった。

事故の時点でたけしは週7本のレギュラー番組を持っていた。それらを何とかしてたけし不在の状態で続けてもらい、復帰を実現させる必要があった。

そのために森は1つの思い切った作戦を取った。それは、徹底した情報統制である。たけしの家族と身のまわりの世話をするごく少数の弟子を除き、すべての人間を面会謝絶にしたのだ。

たけしを崇拝するたけし軍団のメンバーですらたけしに会わせないようにした。これにはたけし軍団の面々も猛抗議したが、森はそれをはねつけた。

多くの人間がたけしの状態を見てしまったら、それがどういう形でマスコミに漏れ伝わるか分からない。「あの状態では復帰は無理だよ」などと言われてしまったら、噂が噂を呼んで復帰は絶望的になってしまう。森は事務所の社長としてあえて非情な決断を下した。

さらに、マスコミ対策を徹底した。森が最も恐れていたのは、記者が病院に潜り込み、たけしの今の状態を写真に収めて公開してしまうことだった。

それを防ぐために、森は連日のように自ら記者会見を開き、たけしの病状について詳細に報告をした。

自分から情報を提供することで、それをテレビや雑誌がどういう形で紹介するのかを確認することができた。その反応を見て、次にどういう情報を出すのかを判断していた。「ビートたけし」というブランドの価値を守るため、森は全力を尽くしていた。

覚悟を見せた復帰会見

幸いにも経過は順調だった。集中治療室での手術が終わり、一般病棟に移された。手術や治療を終えた後は、自己回復力に頼って状態が良くなるのを待つしかない。入院から約2カ月が経った9月27日にたけしは退院することになった。

この日、記者会見が開かれ、たけしは事故後初めて人前に姿を現した。この時点で記者会見を開くのが正しいのかどうか、森にも迷いはあった。

ただ、たけしが姿を見せずに退院をしてしまうと、マスコミが「逃げた」と判断して、リハビリ中のたけしを一目見ようと激しい取材攻勢を仕掛けてくる可能性がある。そこで勝手に撮られた写真が公開されてしまえば、復帰は難しくなってしまう。

あえて会見を開いて今の状態を見せることで、復帰への希望をつなぐことにしたのだ。

森は苦肉の策として会見を開く決断をした。

たけし自身も、事故直後に比べると顔の状態が相当良くなっていることは分かっていた。これなら順調に回復するだろうという目処はついていた。

しかし、公衆の面前に現れたたけしを見て、人々は仰天した。事故直後の最もひどい状態を知らない立場からすると、顔面麻痺が残っている退院時の彼の姿もまだ十分に痛々しいものに見えたからだ。

たけしの番組を作っていたテレビ関係者の中には、森に対して「あの状態が分かっていたら番組の打ち切りを考えただろう」と語った者もいた。そういう人に対して森は「たけしさんは驚異的な回復をしています。これからリハビリに入り、さらに良くなります」と答えて、必死の説得をした。

記者会見の席ではたけしらしいギャグも復活していた。事故当日のことを聞かれて「たぶん軍団がブレーキに仕掛けしたんじゃないか」と答えたり、去り際に「顔面麻痺が治んなかったら『顔面マヒナスターズ』というのをやろうかな」と語ったりしていた。

ろれつが回らずたどたどしいしゃべり方ではあるものの、たけしは堂々とマスコミに向き合い、自分の言葉で話をした。芸人としての覚悟を示したのだ。

それからリハビリに入った。暖かいところで静養するのが大事だと医師から言われていたので、マスコミの目も届きにくいオーストラリアで長期休養を取った。幸いにもみるみるうちに状態は回復していった。

この間の森の課題は「レギュラー番組をどう維持するか」ということだった。年末までは様子見で何とか待ってもらうことができそうだという見込みがあった。

問題はその先、3月の改編期をいかに乗り越えるか、ということだ。そこで森は一計を案じた。

2月には映画『みんな～やってるか！』の公開がある。それに合わせて、たけし本人が出る記者会見や公開イベントの予定を次々に入れていった。この時期にたけしが人前に出て仕事復帰するということをはっきり示したのである。

これによってテレビ関係者の間でも徐々に楽観論が高まっていき、レギュラー番組はすべてそのまま継続されることになった。

『キッズ・リターン』で監督業復帰

こうして3月にたけしは満を持して復帰した。最初の出演番組は1995年3月4日放送の『平成教育委員会』(フジテレビ系)だった。この放送は大きな注目を浴び、35・6%という驚異的な視聴率を記録した。これは年間の全番組の中で4位の数字である。

こうしてたけしは華々しく復帰を果たした。だが、本人は自分のコンディションに満足はしていなかった。顔面麻痺の影響ではっきりと話すことができず、しゃべるスピードも遅い。体力も落ちているので無理がきかない。思うように力が出せない苛立ちはつのるばかりだった。

森もそんなたけしの心情を察していた。そこで森が提案したのが次の映画を撮ることだった。

たけしは常に何本かの撮りたい映画のアイデアを持っている。その中で実際にどの映画を次に作るのかを決めるのは森の役割だった。

森が復帰作として選んだのは『キッズ・リターン』だった。夢を追いかける2人の青年が大人の世界で苦闘する物語だ。

森がこの作品を選んだ理由は、高校生が主人公なのでたけし本人が出演する必要がないからだった。体力が落ちている状態で本人が監督も主演もこなすのは負担が大きすぎるという懸念があったのだ。

たけしは映画を撮り始めた。いざ製作に入ると、たけしの精神的な状態はどんどん回復していった。

『キッズ・リターン』は、ボクサーとヤクザの世界でのし上がろうとして、そこで挫折を味わう2人の若者を描いた話だ。彼らは映画の最後のシーンで、校庭で自転車を2人乗りしながら言葉を交わす。

「俺たち、もう終わっちゃったのかな?」

「馬鹿野郎。まだ始まっちゃいねえよ」

このセリフには当時のたけし自身の心情も反映されているのだろう。

事故でボロボロになった自分を見て「たけしはもう終わりだ」と思う人もいるかもしれない。でも、自分では「まだ何も始まっていない」と感じている。

映画では何の実績も残せていない。自信作の『ソナチネ』ですら、興行成績は振るわず、評論家にも相手にされなかった。

これで終わったのではない。ここから始まるのだ。たけしは自分自身にもそう言い聞かせていたのではないか。

その後、映画監督・北野武の運命を変える出来事が起こった。1997年、『HANA－BI』でヴェネツィア国際映画祭金獅子賞を受賞したのだ。ビートたけしが「世界のキタノ」になった瞬間だった。

世界的な評価を受けたことで、国内でも彼の作品に注目が集まるようになった。これ以降、たけしは映画監督として日本でも認知され、話題作を次々に手がけるようになった。

バイク事故は、ビートたけしの「終わり」ではなく「始まり」だった。それは、行き詰まっている状況をリセットして、新たな自分に生まれ変わるための通過儀礼のようなものだったのかもしれない。

1995年
（平成7年）

山田邦子、不倫報道で人気凋落

「唯一天下を取った女芸人」は月収1億円

「お笑い史上最も売れた芸人は誰か？」というのは難しい質問である。だが、「お笑い史上最も売れた女芸人は誰か？」と問われたら、1人の名前が真っ先に思い浮かぶ。

ピーク時には週14本のレギュラー番組を抱え、8社のCMに出演。映画、ドラマの出演も多数、CDや小説を出せば軒並みベストセラーに。NHKの「好きなタレント」調査では8年連続で女性部門1位を獲得。本人の話によれば、当時の月収は約1億円。

女芸人の質・量ともにかつてないほど充実している現在でも、全盛期の彼女の実績を超えられそうな人材は見当たらない。女芸人史上最強のモンスター、それが山田邦子である。

彼女はその圧倒的な実績から「唯一天下を取った女芸人」と言われている。

だが、ピークを過ぎると人気は下降線をたどり、あっという間にテレビで見る機会が激減してしまった。

その人気凋落のきっかけの1つとなったのは、週刊誌で報じられたテレビプロデューサーとの不倫騒動だった。

「好感度No．1タレント」としてみんなの人気者だったはずの山田が、一転して激しいバッシングの対象となった。頂点に上り、そして落ちていく中で、彼女は何を思っていたのだろうか。

ドラマ出演で芸能界デビュー

山田邦子は、中学から短大まで「お嬢様学校」と言われる私立の川村学園に通っていた。背が高く目つきが鋭くて目立っていたため、学校では級長に選ばれてしまった。

そこでクラスをまとめるために、バスガイドのものまねやレコード大賞の授賞式のものまねなどのネタを披露して、クラスメイトを笑わせていた。女子校で自分と似たような感性を持つ同性のクラスメイトを相手に披露していた「教室芸」が、彼女の原点になっている。

ちなみに、彼女とほぼ同時期にデビューしたとんねるずも、高校時代に友人相手に披露した「部室芸」を持ちネタにしていた。

山田やとんねるずの芸は、同世代の人間に向けられた「分かる人にだけ分かる」という種類のものだった。それは、修業を積んだプロの芸人が舞台で見せる芸とは全くの別物だった。

彼女はその芸を武器にして、高校時代から素人参加型のお笑い番組に片っ端から出演して、賞金稼ぎをしていた。

それがプロデューサーの目に留まり、『野々村病院物語』（TBS系）というドラマで看護婦役として抜擢されることになった。彼女は芸人ではなく女優としてキャリアをスタートさせていた。

ほぼ同時期に『笑ってる場合ですよ！』（フジテレビ系）の「ブスコンテスト」という企画にも応募していた。ブスを自称する一般人の女性が集まる企画だった。

だが、オーディションで彼女のネタを見たスタッフはその完成度の高さに驚き、「お笑い君こそスターだ」という芸人オーディションのコーナーへの出演を勧めた。そこで山田は5週勝ち抜きを果たし、プロの芸人になる資格を得た。

それからわずか半年後の1981年には『オレたちひょうきん族』（フジテレビ系）のレギュラーに抜擢された。ここでは男芸人たちに交じって「ひょうきん絵かき歌」というコーナーを担当したり、歌手のものまねなどを披露したりした。

共演するほかの男芸人たちが何年も舞台で修業を重ねていたのに対して、山田だけは下積みゼロで素人同然の状態だった。

最初は、ほかの芸人がネタをやっているときには笑って盛り上げなくてはいけないということすら知らず、先輩のビートたけしに怒られたりしていた。

だが、芸達者で紅一点の彼女は、何でもありのこの番組でその才能を開花させた。『ひょうきん族』では多くのパロディが行われていた。明石家さんまが主演していたドラマ『男女7人夏物語』のパロディコントでは、山田が1人で大竹しのぶ、池上季実子、賀来千香子という女性3人の役をものまねで演じ分けてみせた。器用な山田ならではの圧巻の芸だった。

1986年、ビートたけしは講談社フライデー編集部を襲撃する事件を起こし、約半年にわたって芸能活動を休止した。このとき、たけしのレギュラー番組はほとんどそのまま継続された。

そこで、いくつかの番組でたけしの代打として起用されたのが、当時同じ事務所の後輩だった山田だった。ここで山田は見事に役目を果たし、その名をさらに広めた。

豪華共演陣が脇を固めた『やまだかつてないテレビ』

1989年10月に『オレたちひょうきん族』が終了したのと同じタイミングで、山田邦子の冠番組『邦ちゃんのやまだかつてないテレビ』が始まった。トーク、コント、ものまね、音楽など、さまざまな企画を繰り広げる総合的なバラエティ番組だった。

山田の脇を固めた共演者は今見ても信じられないほど豪華な顔ぶれだ。明石家さんま、所ジョージ、関根勤、三上博史、今井美樹、織田裕二、柳葉敏郎、真木蔵人、高岡早紀、永井真理子、大江千里、西田ひかる、江口洋介——芸人、俳優、歌手などさまざまな分野の才能豊かなメンバーが集結していた。

番組のテーマソングであるKANの「愛は勝つ」、大事MANブラザーズバンドの「それが大事」はいずれもミリオンセラーを記録した。

山田自身も、オーディションで選ばれた横山知枝と一緒に当時人気だった女性アイドルデュオ・Winkのパロディユニット「やまだかつてないWink」を結成して、「さよならだけどさよならじゃない」などのヒット曲を世に送り出した。

「さよならだけどさよならじゃない」は山田自身が作詞を担当していた。曲を作ったKANが山田に「いい詞だね」と褒めたところ、「私は天才だから」と笑って返されたという。

当時の山田は天真爛漫な明るいキャラクターで知られていた。下ネタも暴力ネタも一切ない彼女の作る笑いは、同時代の男芸人のそれとは全く別物だった。

『クイズ！年の差なんて』『MOGITATE！バナナ大使』などの人気番組を多数抱え、バラエティの女王として君臨した山田は、確かにこの時期、「天下を取っている」という表現にふさわしい状況にあった。ポジティブで健全なイメージだったことから、CMにも多数出演していた。

NHKの「好きなタレント」調査では1988年度から8年連続で女性部門1位を獲得。圧倒的な人気を誇っていた。

不倫報道で大バッシングを受ける

女性タレントの常として、独身だった彼女は恋愛について聞かれることも多かった。そういうときにも、芸人である山田は特に隠し立てをすることはなかった。

もともと結婚願望があることは公言していたし、具体的に付き合っている人や好きな人がいれば、そのことを率直に話していた。気になる存在として田原俊彦、西城秀樹、中井貴一、東幹久など、その時々で憧れているアイドルや俳優の名前を出すこともあった。

その発言が女性視聴者にも好意的に受け止められていたのは、現実味のないただの冗談だと思われていたからだろう。超一流の男性スターと山田とでは格が違いすぎるため、嫉妬の対象になることもなかった。

ところが、そんな状況が一変する出来事が起こった。『FOCUS』1995年12月13日号で、44歳のフリーのテレビプロデューサーを自宅に泊まらせていたことが報じられたのである。

男性は『山田邦子のしあわせにしてよ』(TBS系)のプロデューサーを務めていた人物。彼は一人暮らしの山田の家にたびたび出入りするところを目撃されていた。

これがただの健全な恋愛話で終わらなかったのは、彼が妻子持ちだったからだ。山田は不倫をしている疑惑をかけられたのである。

彼女は「恋愛関係ではない」と弁明したが、その後も2人の関係は続いていた。

続報として、男性プロデューサーの妻が2人の娘を連れて夜逃げ同然で彼の家から引っ越したことも報じられた。妻は離婚に応じるつもりがなく、山田と彼は「不倫地獄」に陥っているという（『週刊女性』1996年11月12日号）。

この報道がきっかけで、週刊誌で山田へのバッシングが始まった。彼女にとって痛手だったのは、女性からの反発が大きかったことだ。

そもそも山田のファンの多くは女性だった。同性に嫌われる不倫疑惑をかけられたことは致命的だった。

これ以前にも、山田は恋愛問題で芸能レポーターにマイクを向けられて、激しい口調で罵詈雑言を浴びせたことがあった。当時その映像がワイドショーなどで何度も使われ、彼女の印象を悪化させていた。

レギュラー番組も徐々に減り始めた。特に大きかったのは、1997年に昼の帯番組『山田邦子のしあわせにしてよ』が終わってしまったことだ。

『笑っていいとも！』『午後は○○おもいッきりテレビ』などの裏番組を打倒するために1995年に満を持して始まったのだが、視聴率では全く歯が立たなかった。

タレントにとって帯番組は諸刃の剣である。いったん引き受けると拘束時間が増えてしまうため、ほかの仕事が入れられなくなる。

しかも、それが打ち切られてしまったら、一気に週5本の仕事を失う上に、勢いが落ちたと思われてほかでも声がかかりにくくなる。

山田もこの罠にはまっていた。同じ1997年度にはNHKの「好きなタレント」調査でも山口智子に1位を奪われ、首位から陥落した。こうして山田の「天下」は終わった。

女芸人がぶつかった「ガラスの天井」

山田は初めからどのジャンルにも属さない特別なタレントだった。女優業でデビューした後、芸人として活躍していたが、お笑いの世界では密かに疎外感を感じていた。山田には師匠もいないし、楽屋でもいつも1人きりだったからだ。

山田は、良く言えば芸人の枠に収まりきらない自由な存在だった。ただ、悪く言えば芸人になりきれない中途半端なところもあった。

若手時代の山田は怖いもの知らずだった。1985年には円形脱毛症に悩まされて突然丸坊主にしたこともあった。常識にとらわれない思い切りの良さも彼女の持ち味だった。

だが、そんな彼女は売れていくにつれて、徐々に息苦しさを感じ始めた。特に窮屈さを感じていたのは「好感度Ｎｏ．1」の称号だった。

好感度ナンバー1って、嫌なもんです。100点とると、次95点とってもほめられないでしょ。私はずっとそういう運命なんです。学生時代からオール5でしたし、常に100点目指してたから、ちょっとやそっとではほめられない。いつかは80点に、ある日60点ぐらいになってしまうんだろうという気持ちは、ずっとありました。ほめてもらっていても、私のどこが好きなんだろうって、ずっとひっかかっていました。

（『婦人公論』1998年12月7日号）

誰よりも自由だったはずの山田が、誰よりも縛られていた。当時はまだ女性タレントがどこまでも自由に振る舞える時代ではなかったのだ。

女性は、のびのびとしているだけで疎ましく思われてしまう。男性には嫌われ、女性には嫉妬される。今でもそういう空気は残っているが、当時はそれがもっと強かった。

1999年の著書で、山田は自分を含む女芸人についてこう書いている。

お笑いの女は超美人ではないがドブスではなく、案外可愛い。そして明るく元気なので、割とみんないいお母さんになる。だが、若いうちはいいけれど、先様の家族、子供の事などでしだいに仲間から〝どこか不幸じゃないとダメ〟という型にはめられて窮屈になって、途中で家族か仕事のどちらかをやめてしまいがちだ。こんな何でもありの自由な時代に信じられないが「お笑いの世界でやっていく女はいろいろ難しい」なんてバカな事をわざと言って、出る杭を打つ男性が、まだまだ本当に大勢いるのだ。
（山田邦子著『こんなはずじゃなかった』毎日新聞社）

この風潮は今でもそれほど変わらないだろう。男性社会の中で、女性は女性であるというだけで重宝される。だが、真の意味での仲間には入れてもらえず、一定のところで出る杭は打たれてしまい、そこから先へは進めない。

女性芸人がそれ以上出世できない「ガラスの天井」にぶつかり、山田は撤退を余儀なくされた。そういう時代だったのだ。

今ではだいぶ状況は変わった。テレビに出る女芸人の数も増えたし、そのあり方も多様化している。渡辺直美に代表されるような、従来の芸人の型にはまらない、同性に格好いい女性として愛される女芸人も出てきている。

山田邦子は、のちに出てくる女芸人のあらゆる要素を備えていたモンスター的な存在だった。

ただ、優等生だった彼女はこれまでどんな女芸人も達したことがなかったような高みにまで上り詰めてしまったため、そこから落ちていくときの勢いもすさまじく、地道に撤退戦を戦い抜くことはできなかった。

大相撲の横綱と一緒で、一度頂点まで上り詰めてしまった人は、そこから降格して程よいところに落ち着くことは許されない。頂点に立ち続けるか、徹底的に落ちるところまで落ちるか、2つに1つしか道はないのである。

紆余曲折を経て、2000年に山田はあの男性プロデューサーとの結婚を果たした。

現在も芸人であるという自負を持ち続け、若手芸人に交じって事務所ライブでネタを披露したりすることもある。

「お笑い史上最も売れた女芸人」である山田邦子は、その孤独な戦いによって、後世の女芸人が活躍する道を切り開いたと言えるだろう。

1997年

（平成9年）

松本人志
『ごっつええ感じ』
降板

関西のアイドル芸人が上京

１９８９年９月29日、最終の新幹線で２人の若者が大阪を出て東京に降り立った。松本人志と浜田雅功――ダウンタウンである。

当時の彼らは大阪で熱狂的な人気を博していた。１９８７年に始まった『４時ですよ～だ』（毎日放送）が、夕方の帯番組でありながら視聴率10％を超える大ヒットを記録。関西圏の若い女性にとって当時のダウンタウンはアイドルのような存在だった。彼らを一目見ようと、女子高生が学校をサボって朝から彼らが出演する心斎橋筋２丁目劇場に長蛇の列を作った。写真集が出版され、ＣＤがリリースされ、歌を歌うだけのコンサートツアーまで行われた。

だが、そんなダウンタウンも東京では全くの無名だった。東京のテレビにも多少は出ていたが、あくまでも「大勢いる若手芸人のうちの１組」という扱いだった。

大阪でレギュラー番組を持ち、大阪を拠点にしている限り、この状況は変わらない。当時ダウンタウンのマネージャーを務めていた吉本興業の大崎洋《おおさきひろし》（現・吉本興業社長）は、ダウンタウンを全国区のスターにするために東京進出を決めた。

1989年9月29日、ダウンタウンの2人は『4時ですよ〜だ』最終回の生放送を終えたその足で新幹線に飛び乗り、東京へと向かった。

『ごっつええ感じ』で時代の頂点へ

当時のお笑い界は群雄割拠の状態だった。1989年10月にはビートたけし、明石家さんまらが出演していた『オレたちひょうきん族』が終了。時代は次世代の才能を求めていた。

そこで急速に台頭していたのが、とんねるず、山田邦子、ウッチャンナンチャン（ウンナン）といった顔ぶれである。

彼らはそれぞれフジテレビのゴールデンタイムに『とんねるずのみなさんのおかげです』（90〜97年）、『邦ちゃんのやまだかつてないテレビ』（89〜92年）、『ウッチャンナンチャンのやるならやらねば！』（90〜93年）といった冠番組を持ち、若者を中心に絶大な支持を得ていた。それぞれが一国一城の主として激しい勢力争いを繰り広げていたのだ。

ダウンタウンも彼らに続く存在として期待されていた。何度かのトライアル特番を経て、1991年に満を持して始まったのが『ダウンタウンのごっつええ感じ』である。

この番組の前身となっているのは、ウンナンとダウンタウンが出演していた深夜番組『夢で逢えたら』である。『ごっつええ感じ』を立ち上げたのも『夢で逢えたら』のスタッフが中心だった。

始まった当初は、番組全体の雰囲気も『夢で逢えたら』のテイストに近かった。ロケ企画、スタジオ企画、ショートコント、ドラマ風のシチュエーションコントなどが中心の当時としてはオーソドックスな構成だった。

だが、回を重ねるごとに、番組の中身も徐々に変わっていった。そのきっかけの1つとなったのは「おかんとマー君」というコントである。

松本が母親役、浜田がその息子役を演じるこのコントを初めて収録するとき、松本がスタッフに「台本と違うことがやりたい」と提案した。

そして、2人のやりとりが即興で繰り広げられた。それは今まで誰も見たことがないほど新しくて面白いものだった。

当時の彼らはすでに『ガキの使いやあらへんで!!』(日本テレビ系)で台本なしのフリ

ートークを毎週行っていた。コントの収録でもフリートークのときと同じように、あうんの呼吸だけでアドリブで笑いを生み出すことができたのだ。

この時期から『ごっつええ感じ』の制作方針が変わった。作家が考えた台本に頼らず、松本のアイデアを軸にしてコントが作られるようになったのだ。

この方針転換により、『ごっつええ感じ』は他の追随を許さない特別な番組になった。松本の脳内にある笑いの種を具現化することで独創的なコントが次々に生まれた。

『ごっつええ感じ』のコントの特徴は、ときに暴力的であり、性的であり、根底に切なさや悲しみを帯びているということだ。キャラクターの造形も単に面白おかしいだけではなく、どこかグロテスクだったり不気味だったりする。

だが、まさにそこが刺激的で面白かったのだ。ほかの芸人が手がけるコント番組はたくさんあったが、『ごっつええ感じ』はそのどれにも似ていなかった。

DVDなどでこの番組のコントを改めて見返すと、ゴールデンタイムに放送されていたのが信じられないくらい過激な表現が目立つ。

でも、当時の視聴者はそれを普通に受け入れて楽しんでいた。ダウンタウンのコントは単に暴力的であるだけではなく、根底にある発想が圧倒的に斬新だったからだ。

1995年には阪神大震災、地下鉄サリン事件が起こり、オウム真理教による一連のテロ事件が日本中に衝撃を与えていた。Mr.Childrenはこの年にリリースした『【es】～Theme of es～』という楽曲の中で「何が起こっても変じゃないそんな時代さ覚悟はできてる」と歌った。

『ごっつええ感じ』が提示した残酷で乾いた笑いは、社会不安が高まっていたこの時代に似つかわしいものだった。

今田耕司、板尾創路、ほんこん、東野幸治といった『4時ですよ～だ』の頃から馴染みの後輩たちと共に、ダウンタウンは笑いの理想郷を作り上げていった。

視聴率も最初は伸び悩んでいたが、途中からは15%を上回るようになり、最盛期には20%を超えた。フジテレビを代表する人気番組に成長したのである。

番組が軌道に乗った94～96年頃は、ダウンタウンが最も華々しく活躍していた時代でもあった。

各局に冠番組を持ち、いずれも高視聴率を記録。松本の著書は200万部超えのベストセラーとなり、小室哲哉プロデュースの浜田のCDも200万枚を超える大ヒットとなった。

鳴り響く不協和音

『ごっつええ感じ』は、表向きは順調に見えていたが、内部では不協和音が鳴り響いていた。

そもそも、松本は日曜の夜8時という枠でこの番組を始めることにあまり乗り気ではなかった。日曜のこの時間帯はファミリー層をターゲットにする枠であり、ダウンタウンのブラックな笑いを見せるのには向いていないと思っていたからだ。

マネージャーの大﨑もそれは承知していた。だが、当時のフジテレビではここしか枠が空いていなかった。「結果を出したら枠を移動させる」という約束を交わした上で、松本はしぶしぶ番組を始めることを了承していたのだ。

その後、『ごっつええ感じ』は視聴率を取って軌道に乗り始めたのだが、放送枠は一向に変わらなかった。改編期のたびに変えようという話は出るのだが、二転三転して結局元のままになる、というのが続いていた。このことで松本はフジテレビに不信感を抱いていた。

また、1997年1月には、「チームファイト」という企画の収録の際、セットの発注ミスに気付いた松本が怒り出し、それから1カ月にわたり収録をボイコットしてしまうという事件が起きていた。

2カ月後の3月にも「チームファイト」の収録でスタッフの不手際があり、今度は浜田が激怒した。浜田としては松本を二度続けて怒らせるわけにはいかないと思い、パフォーマンスとして自ら声を張り上げたのだ。

浜田はサンダル履きのままでスタジオの鉄扉を蹴り上げ、それが原因で足首を骨折してしまった。それによりこの日の収録も中止になった。

この頃、ダウンタウンとスタッフの間ではギスギスした空気が流れていたのである。視聴率も思うように伸びていなかったため、松本は番組の全面的なリニューアルを提案していた。それがどんなものだったのかは明らかにされていないが、視聴率を上向きにするために当時のテレビの状況に合わせるような内容だったという。

『ごっつええ感じ』のディレクターを務めていた小松純也は、このリニューアル案に不安を抱いた。それをやれば良くなるという明確なビジョンが見えなかったからだ。

また、自分の理想とする笑いにこだわってきた松本が、世間に合わせるような方針を立てたことに対するショックもあった。

フジテレビ全番組降板の危機

そんな状況の中で事件が起きた。1997年9月28日、フジテレビでは午後7時から『ごっつええ感じ』の2時間スペシャルが放送される予定だった。

ところが、この日の夜にプロ野球のヤクルトスワローズが優勝を決める可能性が出てきたため、フジテレビは急きょ放送内容を変更して、野球の生中継を流すことにした。

松本と所属事務所である吉本興業は放送数時間前までこの事実を知らされていなかった。

松本は放送延期のニュースを聞いて、そのことが事前に自分に通知されていなかったことを知り、激怒した。そして、その場で『ごっつええ感じ』を降板することを決めた。

松本は自分の番組が野球中継に差し替わったこと自体に怒っているわけではなかった。その可能性があることは数日前には分かっているはずなのに、なぜフジテレビは事前にそのことを伝えてこなかったのか。そこに不信感を抱いたのだ。

前述の通り、これまでにもスタッフとの関係がギクシャクしていた中で、この事件が決定打となったのである。

松本は当初、フジテレビのレギュラー番組をすべて降りると主張していた。そのため、もう1つのレギュラーである音楽番組『HEY！HEY！HEY！MUSIC CHAMP』の収録をボイコットしていた。

マネージャーの大﨑は、松本が『ごっつええ感じ』を降板することには異存はなかった。松本がこの番組に誰よりも心血を注いでいたことが分かっていたからだ。

その松本が自ら「辞める」と言い出すのだから、生半可な覚悟ではない。それを引き止めることはできないだろうと思っていた。

だが、『HEY！HEY！HEY！』の降板だけは何としても避けたかった。直接関係のない番組まで降板してしまえば、事は大きくなり、吉本興業とフジテレビの関係にひびが入ることになる。

最悪の場合、吉本興業は東京のテレビ局で仕事ができなくなってしまうかもしれない。そういう状況になって割を食うのは松本自身も同じである。

芸人仲間、吉本興業の上層部、フジテレビの幹部など、誰が何を言っても松本は聞く耳を持たなかった。だが、大﨑も「これだけは譲れない」という思いで何度も何度も松本のもとに出向き、粘り強く説得を続けた。

最後にはようやく松本も折れて、『ＨＥＹ！ＨＥＹ！ＨＥＹ！』を続けることを了承した。

カリスマの時代が終わった

11月2日、『ごっつええ感じ』の最終回が放送された。ディレクターの小松は過去のコントの傑作選をベースにした最終回の中で、番組初回のオープニングのタイトル映像をそのまま流した。そこには「この番組がいつか復活してほしい」という思いを込めていた。

ちなみに、このとき小松にはもう1つのアイデアがあった。それは、氷山の映像を流して、そこに「お笑い氷河期始まる」というテロップを入れるというものだった。

実際、この時期には他局も含めてコント番組が『ごっつええ感じ』以外にはほぼ存在していないような状態にあった。番組を始めた当初はコント番組が林立していたのだが、ライバルたちは次々に倒れていき、最後に『ごっつええ感じ』もその歴史に幕を下ろした。

この事件によって、一度は天下を取ったかに見えたダウンタウンの勢いにも陰りが見えてきた。週刊誌などでは松本に対する激しいバッシングが始まった。

もともとダウンタウンは叩かれやすいタイプの芸人だった。下ネタや暴力ネタの多い『ごっつええ感じ』は「子供に見せたくない番組」としてたびたび槍玉に挙げられていたし、年配の有識者からはその笑いがなかなか理解されなかった。降板騒動によって、このバッシングの風潮がさらに強まった。

『ごっつええ感じ』が終わったことで、1人（1組）の芸人がカリスマ性を発揮して番組を仕切る、という時代が終わった。

これ以降に人気を博した『めちゃ×2イケてるッ!』『はねるのトびら』『笑う犬の生活』などの番組はいずれも、特定のリーダーが不在であり、複数の芸人が協力し合う形で作られていた。

また、『アメトーーク!』（テレビ朝日系）などのひな壇番組でも、芸人たちは互いに横並びで助け合う関係にあり、競争しているわけではない。

テレビに出るすべての芸人が「天下取り」を目指す戦国時代は終わった。「天下」という概念が存在しない世界で、それぞれが自分だけの小さな領土を守れればそれでいい、という時代が来た。

笑いの権威となった松本

では、松本はどうなったのか。2001年、『ダウンタウンのものごっつええ感じスペシャル』（フジテレビ系）が放送された。『ごっつええ感じ』の復活特番である。

松本はその内容に自信を持っていたのだが、視聴率はわずか9・0％だった。この数字を見て彼は、テレビでは自分の理想とする笑いができないと思い、ゴールデンでコント番組を作るのをあきらめてしまった。

その後の彼は、あらゆる形で笑いの新たな可能性を追求していった。1998年から1999年には『HITOSHI MATSUMOTO VISUALBUM』というビデオ作品をリリース。テレビではない場所でじっくりと手間をかけたコント映像を制作した。2007年には初の監督作品『大日本人』が公開された。2019年現在までに4作の監督を務めた。

また、お題に合わせてフリップに答えを書いて出す「大喜利（フリップ大喜利）」、お題の写真に言葉を添える「写真で一言」、笑うと尻を叩かれるという状況で次々に笑いの刺客が襲いかかる「笑ってはいけないシリーズ」、芸人がとっておきの笑えるエピソードを披露する「すべらない話」など、笑いを生み出すためのフォーマットを次々に開発して、世の中に広めていった。

松本は有能なパフォーマーであると同時に、優秀なプロデューサーでもあった。『人志松本のすべらない話』『IPPONグランプリ』などの番組で、芸人たちは松本の用意したフォーマットに沿って笑いを作ろうとする。ある意味では、それは松本という釈迦の手のひらの上で踊っているようなものだった。

松本は若手芸人の登竜門である『M−1グランプリ』『キングオブコント』でも審査員を務めている。松本を笑わせる芸人こそが面白い芸人である、という時代が来たのだ。

確かに『ごっつええ感じ』が終わった瞬間には、ダウンタウンの覇権には陰りが見えた。だが、それは、支配の構造が変わっただけだった。松本は自らが動いて先頭に立つのではなく、フォーマットを開発して権威となることで、間接的にお笑い界を支配する構造を作ったのだ。

『ごっつええ感じ』降板の2年後に出された著書の中で、松本はこう語っている。

ま、……こう、自分の一人の芸能人としての歴史を何年後かに振り返った時に、そういうのもあっていいのやろうなって思うし、で、周りの人は「松本アホやで、あいつ」って言うかもしれんけど、それはほんとに目先のことであって、何年か経った時に振り返って、「そういうのはそういうので、あってええんちゃうかな」って思うんですよ。低いところで考えれば、絶対得なことではないけれども、もっと高いところで考えればね、たいしたことじゃないんですよ。

（松本人志著『松本坊主』ロッキング・オン）

確かに、タレントがゴールデンの冠番組を自ら降板してしまうというのは前代未聞の事態だった。それはもともと松本を快く思っていなかった者たちにバッシングの格好の理由を提供した。

だが、その後の彼の活動を見れば、「たいしたことじゃない」という発言も強がりではなかったことが分かる。松本はあらゆる形で貪欲に笑いを追求し続けてきた。

笑いの神が松本を見放すまでは彼の支配体制が揺らぐことはないだろう。

5章

1998年
（平成10年）

萩本欽一、長野五輪閉会式の司会

長野五輪は「平成唯一の五輪」だった

1998年に行われた長野冬季五輪は、三度目の日本開催のオリンピックだった。その前には1964年の東京五輪、1972年の札幌冬季五輪があった。それらに続く長野五輪は、平成で唯一の日本開催のオリンピックでもあった。

1964年の東京五輪は、高度経済成長を遂げて敗戦からの復興を果たした日本を世界にアピールするための大会だった。

オリンピック開催に向けて東海道新幹線、首都高速道路などのインフラが整備され、国立競技場などが建設された。また、オリンピック中継を見るためにテレビの需要も高まった。その結果、東京五輪が日本に好景気をもたらした。

ところが、平成の五輪である長野五輪には開催前からそのような前向きなイメージはなかった。平成の初めにバブルが崩壊して、日本経済は先の見えない低迷期に入った。

1997年には日本の四大証券会社の1つだった山一證券が経営破綻。1998年には日本長期信用銀行、日本債券信用銀行も経営破綻した。

そんな時代に「五輪開催で景気復興」という謳い文句はもう通用しない。国民はそんなことが起こらないことはもう十分分かっている。今から21年前の日本は、空気としては今とそれほど変わらない。国民はすっかり冷めきっていた。

長野五輪の開催が決まったときにも、期待の声はそれほどなく、悲観論の方が強かった。開催前に出版された『アサヒ芸能』1998年1月22日号では「「長野五輪」はいつからワイドショーになったのか」という批判的な記事が掲載されている。

不倫交際が発覚したばかりの石田純一が聖火リレーで第一走者を務める、開会式では横綱・貴乃花が土俵入りをする、萩本欽一が閉会式の司会をする、といった演出が「ワイドショー的」であり異論・反論が続出している、という内容だ。

中でも、多くの人が違和感を持ったのが萩本の起用である。「なぜ今さら萩本を？」と誰もが感じていた。

1998年の時点で、萩本はすでにテレビの最前線からは退いていた。特番として放送される『全日本仮装大賞』（日本テレビ系）以外にレギュラー番組はなく、その状況は2019年現在とほとんど変わらないと言ってもいい。

そんな萩本になぜか白羽の矢が立った。これは本人にとっても予想外のオファーだった。

多くの国民が不安視していた萩本の閉会式はどのように行われたのか。そして、萩本自身はそれをどう受け止めたのだろうか。

絶頂期に自ら「充電」に入る

萩本は昭和のテレビバラエティ界におけるスーパースターの1人である。1966年に坂上二郎とコント55号を組み、圧倒的なスピード感のあるコントで一世を風靡した。

その後、萩本は『スター誕生！』『オールスター家族対抗歌合戦』などの番組で司会者として活躍。1978年には『24時間テレビ「愛は地球を救う」』（日本テレビ系）の初代パーソナリティを務めた。

1980年代前半の最盛期には『欽ドン！良い子悪い子普通の子』『欽ちゃんのどこまでやるの⁉』『欽ちゃんの週刊欽曜日』などの冠番組がいずれも驚異的な高視聴率を記録するようになった。

1週間のすべてのレギュラー番組の視聴率を足すと100％を超えることから「視聴率100％男」の異名を取った。

ところが、萩本はこの天下を取った状態からあっさりと身を引いた。1985年に突然「充電」に入ると宣言して、すべてのレギュラー番組を降板してしまったのだ。

萩本が休養に入ることを決意した背景には、独自の「運」の理論があった。幸運ばかりがいつまでも続くわけがない。いい運と悪い運は誰にでも平等にやってくる、というのが彼の基本思想である。

萩本はテレビで新しい企画を次々に実現していき、視聴率30％を超える番組をいくつも作ることができた。これは彼にとって幸運なことだった。

だが、これ以上いいことばかりは続かない。視聴率30％を達成したから、次の目標は40％なのかと考えたりもするが、それは現実的にほぼ不可能である。テレビの世界で一通り夢を叶えてしまった萩本は、次の目標を見失っていた。

また、この時期、萩本が「テレビ界のおっかさん」と慕っていたプロデューサーの常田《ときた》久仁子《くにこ》が番組を離れてしまった。さらに、萩本のマネージャーが「独立したい」と言い出した。

これらのことから萩本は潮目が変わるのを感じていた。これも休養に入った理由の1つだった。

年号が平成に変わる少し前に、萩本は自らテレビの第一線から退く決断をしていたのである。

この時期、萩本に代わってお笑い界の新たなスターとして台頭してきたのがビートたけしだった。たけしは、建前を破壊して本音をぶつける毒舌芸で話題になり、若者たちのカリスマ的な存在になりつつあった。彼は萩本の偽善的な笑いを事あるごとに批判していた。

萩本は約半年間の休養を経て復帰したが、かつての勢いを取り戻すことはできなかった。元のレギュラー番組がリニューアルされたり、新しい番組がいくつか始まったりしたが、いずれも長くは続かなかった。

時代が平成に移り変わった頃には、「萩本の笑いはもう時代遅れだ」という空気が蔓延《まんえん》していた。

閉会式を最後に引退を決意

そんな状況の萩本のもとに、なぜか長野五輪の閉会式の司会という大役が回ってきたのである。萩本は驚きながらもこの仕事を引き受けた。だが、自信は全くなかった。

この仕事を受けたとき、萩本はマネージャーにこう語っていたという。

「知ってるよな。俺は最初にテレビにでた頃、生放送のコマーシャルでせりふを忘れてテレビ界から一回すっ飛んだ。そこから再出発して有名にはなったけど、あがり性はぜんぜん直ってない。恐らくオリンピックの司会は失敗するだろう。一九回連続で失敗したコマーシャルから始まって、最後はオリンピックで失敗する。これで萩本欽一の『ぼけ物語』が完結すると思うんだ。だからオリンピック以降のスケジュールはいっさい入れないでくれ。俺はここで完全に去る！」

（萩本欽一著『なんでそーなるの！萩本欽一自伝』集英社文庫）

この仕事を最後に引退することを決意していたのだ。マネージャーは引き止めたが、彼は聞く耳を持たなかった。

もともと司会は得意ではなかった。彼が初めてテレビで司会業を始めた頃、芸人で司会をやっている人は誰もいなかった。当時のテレビでは進行役を務めるのは主にアナウンサーの仕事だった。

萩本の型破りな司会ぶりは好評を博して、それ以降に芸人がテレビで司会をやるという道を切り開いた。だが、萩本自身はその後もずっと司会に苦手意識を持っていた。

また、本人が語っている通り、あらかじめ決められたセリフを言わされるのも大の苦手だった。若き日の萩本のテレビデビューは、生CMで緊張して19回連続でNGを出してクビになった苦い体験である。

その後、萩本は決められたセリフのないアドリブ芸を駆使してテレビの頂点に立った。ところが、オリンピックの閉会式は世界中で生中継されるため、その場で勝手にセリフを変えることは許されていなかった。世界各国の同時通訳者にも台本が事前に渡されることになっていたからだ。

萩本にとっては最も緊張する、デビュー当時の嫌な思い出が蘇るようながんじがらめの状況だった。

萩本の「運の理論」で考えても、状況は明らかに深刻だった。オリンピックの閉会式で国の代表として司会を務めるというのは、身の丈に合わない大きい運が来ているということだ。

つまり、ここで運が尽きると考えるのが自然だった。司会は引き受ける。しかし、みっともない失敗をして大変なことになるだろう。それが萩本欽一という男の芸人人生の幕引きになる。間違いなくそうなると確信していた。

盛り上がりに欠けた開会式

萩本は悲壮なまでの覚悟でこの仕事を引き受けていた。だが、そもそもなぜ萩本に白羽の矢が立ったのだろうか。

開・閉会式の総合プロデューススチームは、閉会式のテーマを「日本の祭り」としていた。「祭りの盛り上げにふさわしい人物」として萩本を起用することに決めていたのだという。

だが、1998年時点で「お祭り男と言えば萩本」という発想は、あまりにも時代の潮流からずれているように見えた。当時の萩本はもはや若くもなければ、機敏に動けるわけでもない。「なぜ萩本なのか」という疑問がわくのは当然だ。

プロデューススチームのうちの2人は萩元晴彦《はぎもとはるひこ》、今野勉《こんのつとむ》というテレビ制作者である。

萩元と今野はTBSを退社した後の1970年に日本初の独立系テレビ制作会社である株式会社テレビマンユニオンを立ち上げた。テレビ局とは一線を画す独立した創造集団を目指していた。

萩本はこのテレビマンユニオンの創立理念に理解を示し、出資をして株主になっていた。現在でも大株主の1人である。

開・閉会式の演出もテレビマンユニオンのスタッフが中心になって担当していた。プロデュースチームにとって萩本は古くからの縁のある身近な存在だった。だからこそ選ばれたという側面は確実にあるはずだ。

萩元も今野も長野五輪の時点で60歳を過ぎていて、テレビ演出家としてはとっくに旬を過ぎていた。そんな彼らの下した「萩本起用」という選択は、世間の期待とはずれていたのだろう。

開・閉会式の演出を務めたのは、劇団四季の創設者である浅利慶太。こちらも60歳を越えていた。

2月7日の開会式でも人々の不安は的中した。日本の伝統をアピールするために複数の力士が土俵入りを行う演出があったのだが、広い会場の広い土俵の中では屈強な力士たちがいかにもこじんまりして見えた。

イタリア・オペラ『蝶々夫人』が流れる中で、フィギュアスケート選手の伊藤みどりが能をイメージしたという十二単《ひとえ》のような衣装で聖火を点火。フィナーレでは、小澤征爾の指揮で5大陸と中継をつないで『歓喜の歌（第九）』を合唱した。

日本の文化を見せたいという思いがありながら、肝心のところで外国の音楽ばかりを使っていてちぐはぐな印象を与える。

前述した『アサヒ芸能』の記事の中でも、五輪取材の経験が豊富なスポーツライターの折山淑美がこう語っていた。

「いかにも外国人が日本的なものと考える〝フジヤマ、ゲイシャ〟的な演出になっているように思える。なぜ、大相撲と第九なのか、必然的な理由がまったくないんです」

開会式の演出は世間で酷評された。そんな中で人々が不安視したのは、のちに控えている閉会式のことだった。萩本がバラエティ番組のような妙なはしゃぎ方をして世界中に恥をさらすのではないか。誰もがそう思っていたのだ。

閉会式で禁断のアドリブ芸を披露

１９９８年2月22日、長野オリンピックスタジアムで閉会式が始まった。会場の照明が消えて真っ暗になると、ピカピカ光る無数の電球をつけたマントに身を包んだ男がステージに上がってきた。

「こんばんは！　こんばんは！　皆さん、司会の萩本欽一です」

マントを外した萩本は赤と白で彩られたサンタクロースのような派手な衣装を身に着けていた。すぐに選手入場を告げたが、話しぶりはぎこちなかった。

当時の週刊誌は萩本の司会ぶりについて以下のように書いていた。

　幸いにして、その後、欽ちゃんはおとなしかった。懸念されていた仮装行列もなく、司会者は紅白の派手な衣装が目立つだけの存在。いつ何時、欽ちゃんのショーが始まるのか、というスリルはあっただけに、少し拍子抜けした寂しささえある。

（『週刊新潮』１９９８年3月5日号）

良くも悪くも萩本は司会者としての仕事をそつなくこなした。大コケするリスクのあるバラエティ的な演出も特になかった。

セリフが厳密に決められていたこの大舞台で、萩本は最後に1カ所だけアドリブを決めた。

台本の中にあった「選手の皆さん、ありがとう」という締めの言葉に疑問を感じたのだ。自分だけが世界中の人を代表して選手に感謝を述べるのは不自然だと思い、言葉を付け足した。

「選手のみなさん、ありがとう！　でも僕だけがありがたいんじゃない。ほんとはみんなも『ありがとう』を言いたかったんだよね。じゃあ、みんなで言おうか。せ〜の……」

（『なんでそーなるの！萩本欽一自伝』）

萩本の呼びかけに応えて、会場全体から「ありがとう！」の声が聞こえてきた。こうして閉会式は幕を閉じた。

大役を終えて舞台を降りると、マネージャーが声をかけてきた。

「大将、また芸能界、始まりますね！」

ここで萩本は気付いた。決まったセリフを言わなくてはいけないという苦手な状況だったにもかかわらず、特に緊張もせずにステージを終えることができていたのだ。萩本はそこに達成感を覚えた。芸人人生を懸けて臨んだ舞台で、自分の弱点を克服できたことが嬉しかった。

その後、外からの評価を一切耳に入れたくなかったので、新聞もテレビも見ずにしばらく家にこもることにした。電話がかかってきても、よほどのことがない限り取り次がないでほしいと伝えていた。

そんな中で1件の電話が来た。兄からだった。萩本の母が、閉会式の模様を見て泣いて喜んでいたという知らせだった。

ようやく母親に認められたと思い、萩本は感激した。なぜなら、彼女はこのときまでずっと萩本が芸人になったことを快く思っていなかったからだ。

萩本が学生の頃に父が莫大な借金を抱えたため、萩本家は一家離散してしまった。これを機に萩本は我が身ひとつで浅草に飛び込み、芸人の道に進んでいた。

芸人としてテレビに出るようになってから、母が住んでいる家を訪ねて、10年ぶりに再会した。しかし、彼女は「昼間に帰ってくるんじゃない。近所にばれたらどうするの」と冷たく言い放った。

昔気質の母にとって、他人に笑われる芸人という職業は恥ずかしいものだった。その感覚は萩本が売れっ子になってからも変わらなかったため、2人は疎遠になっていった。

そんな母が、オリンピックの閉会式で司会を務めた萩本を見て、ようやく見識を改めた。立派な仕事をしていると認めたのだ。

これ以降、萩本は母とたびたび会うようになった。閉会式の仕事は彼にとって初めての母親孝行だった。

日本人が背負う長野五輪のトラウマ

いざ開幕してみると、長野五輪自体は国内でもそれなりに盛り上がりを見せていた。スキー・ジャンプ団体の岡部孝信、斎藤浩哉、原田雅彦、船木和喜、女子モーグルの里谷多英、男子スピードスケートの清水宏保などが金メダルを獲得して、メダルラッシュに日本中が沸いた。

ただ、開・閉会式に関しては失敗だと評価する人が多かった。この失敗の苦い記憶があるからこそ、2020年に控えている東京五輪の開・閉会式に際しても一部では悲観論が出ているのだろう。

2016年のリオ五輪閉会式では、東京五輪に向けて五輪旗の引き継ぎ式が行われた。スーパーマリオやドラえもんが出てくる映像が使われるなど、CGやARなどの最先端の技術を用いて「現代の東京（日本）」が巧みに表現されていて、国内での評判は上々だった。

もともとこの手の「お役所仕事」に期待していない日本人は、演出のクオリティが予想以上だったことに驚いた。

いかにも古臭い「フジヤマ、ゲイシャ」的な日本観から脱して、海外から日本がどう見えているかを客観視できていると感じられる内容だった。約20年のうちに世界と日本の距離は縮まり、時代は変わったのだ。

この引き継ぎ式の世間での評判が意外なほど良かったのも、長野五輪での苦い記憶があるからだ。長野五輪は平成の日本人に大きなトラウマを残していたのである。

受け継がれる遺伝子

萩本個人はこの体験によって疎遠になっていた母と和解した上に、芸人としての引退の危機も免れていた。

彼はその後もどんどん新しいフィールドを開拓していった。２００５年にはクラブ野球チームの「茨城ゴールデンゴールズ」を結成して監督に就任。アマチュア野球界を盛り上げた。

また、２０１５年には駒澤大学に入学して、大学生になってしまった。１年間の猛勉強の末、社会人特別枠で英語と小論文と面接の入学試験を受けて、見事に合格。孫の世代にあたる10～20代のクラスメイトと交流を深めている。

大学に進むことは母の夢でもあった。母に逆らって芸人になった萩本にとっては、最後の母親孝行という思いもあったのだろう。

１９８０年代前半に「視聴率１００％男」と呼ばれ、テレビの王になった萩本だったが、テレビという場所にこだわりはなかった。

彼は常に挑戦者でありたいと思っている。最近でも、急にツイッターを始めたことが話題になったりもしていた。

2019年現在、最も人気のあるバラエティ番組の1つは『世界の果てまでイッテQ!』(日本テレビ系)である。実はこの番組の企画にも萩本は深くかかわっている。

スタッフに対して「近くはダメ。遠くしろ」とアドバイスしたのだ。なるべく遠回りをして、なるべく苦労を重ねて、なるべく失敗を続けた方がいい。そうすることでヒットする番組ができる、というのが萩本の持論だった。

『イッテQ!』は今でもそんな萩本理論を忠実に守っている番組だ。イモトアヤコをはじめとする出演者たちが、世界中に飛び立って体を張った企画に挑む。作っている側の本気は見ている側にも伝わるのである。

このように萩本の遺伝子はさまざまな形でテレビ界、お笑い界に受け継がれている。21年前の長野五輪の時点ですでに「古臭い」と思われていた萩本は、実は古くはない。

77歳になった今も好奇心をむき出しにして新しいことに挑み続ける萩本は、古典であると同時に最先端でもあるのだ。

2000年
（平成12年）

上岡龍太郎、引退

妻から言われた言葉

あるとき、上岡龍太郎は舞台で老齢の役者を見た。かつては実力があったのだろうが、今は入れ歯をしているせいで滑舌が悪く、言葉が聞き取りづらい。しかも、入れ歯がカタカタ鳴るのが気になって話が入ってこない。

ただ、それでも舞台に出ているということは、そういう状況になっていることに本人は気付いていないのだろう。

もちろん、本人のマネージャーも商売柄、自分からダメだと指摘することはないだろう。だから、こういう場合には妻などの身内の人間がきちんと言ってあげないといけない。

上岡はそう思って、自分の妻にもその話をした。

「僕にこんなときが来たら言うてや」

すると、妻は即答した。

「今！」

（今⁉）

妻から意外な答えが返ってきて彼は驚いた。のちに語る「引退を決めた理由」のうちの1つがこれだ。

芸能界には定年がない。仕事が途切れない限りはいつまでも表舞台に立っていられる。私の知る限り、芸能人になるような人はほぼ例外なく「目立ちたい」「有名になりたい」「チヤホヤされたい」という自己顕示欲の塊である。

だから、多少仕事が減ったとしても、特別な事情のない限り、自分から辞める人はあまりいない。仕事が十分ある人はなおさらだ。

そんな芸能界の中で、上岡龍太郎は売れた状態のまま自ら引退を決めた例外的な存在だ。彼は、テレビの最前線で活躍していた2000年に突如として引退を発表した。

去り際があまりにも鮮やかだったため、下の世代の人間にはその存在すら認知されていないかもしれない。上岡は自分から身を引いて、その後も二度とテレビや舞台に復帰することはなかった。

彼はいったいなぜそんなことをしたのか。毀誉褒貶《きよほうへん》の激しい上岡龍太郎とはそもそもいかなる人物だったのか。

漫画トリオの一員として人気に

1942年、上岡龍太郎は京都府に生まれた。物心ついたときからラジオで流れてくる漫才や落語を熱心に聞いていた。子供の頃からすでに笑いにはうるさく、何が面白いのかということに自分なりの基準を持っていた。

中学生のときには時代劇に夢中になり、役者を志すようになった。だが、高校に入ると一転してロカビリーに目覚めて、ジャズ喫茶に出入りするようになった。ミュージシャンになることを考えたこともあったが、歌は上手くなく、楽器の練習をするのも面倒だったため、司会者の勉強をすることにした。

1960年、横山ノックに誘われて「横山パンチ」という芸名で漫才を始めることにした。のちに横山フックも加わり「漫画トリオ」という3人組での活動が始まった。

「パンパカパーン、パンパンパン、パンパカパーン、今週のハイライト」という決まり文句で始まるテンポのいい時事ネタ漫才は当時としては斬新だった。

1960年代半ばにはお笑い界で「トリオブーム」が起こり、てんぷくトリオ、トリオ・

ザ・パンチ、トリオ・スカイラインなど多くのトリオ芸人が爆発的な人気を博した。大阪を拠点に活動していた漫画トリオもその波に乗って全国的にその名を知られるようになった。

ここまでは順調だったのだが、1968年にノックが参議院議員選挙に出馬することを発表して、漫画トリオは活動を休止することになった。

このときから芸名を「上岡龍太郎」に変えて、大阪のラジオ番組で話術を磨いた。当時のラジオでは、上岡は基本的にほぼ1人でしゃべり続けるようにしていた。なぜなら、アシスタントのアナウンサーやタレントはプロの芸人ではないため、彼が期待するような当意即妙の受け答えをするのが難しかったからだ。

1人で考えながら話していると、どうしても途中で「えー」などという言葉が入ってしまい、間が空いてしまう。その間を埋めるために、昔から使われている常套句や故事成語などを口から出まかせでしゃべり続けて、その間に次に話すことを考えることにした。

難しい言葉で聞き手を煙に巻き、立て板に水でしゃべり続ける上岡流の話術はここで磨かれていった。

これを武器にして上岡は徐々に大阪のテレビでも活躍するようになった。ただ、どんなに大阪でレギュラー番組が増えても、東京に進出するつもりはなかった。

上岡は東京嫌いを公言していた。「東京は田舎者の集まり」「東京は何でも使い捨てにするティッシュペーパー文化」「東京は笑いのレベルが低い」などと事あるごとに東京を否定する発言をしていた。

型破りな大阪の番組で話題に

1987年に大阪ローカルで始まった『鶴瓶上岡のパペポTV』(読売テレビ)が1988年10月から東京でも放送されるようになると、東京の業界人の間でこの番組が話題になった。

『パペポTV』は笑福亭鶴瓶と上岡が何のテーマも決めずに60分間しゃべるだけの番組だ。自分の体験したことや感じたことをストレートに話す鶴瓶に対して、上岡は理屈っぽくクールに対応する。その対象的なキャラクターのぶつかり合いによって笑いが生まれていた。

見た目やキャラクターの印象としては、鶴瓶がふざけるボケ役で上岡がそれをたしなめるツッコミ役に見える。だが、実際には上岡の方が好き勝手に暴走して、鶴瓶が受けに回ることもある。

上岡が他人の悪口や放送禁止用語を口にしてオンエア時に規制音が入るのも恒例になっていた。

上岡はこの番組における２人のトークは「楽屋話」のようなものだと考えていた。楽屋話とは芸人同士が楽屋の中で交わす他愛もない雑談のことである。上岡は笑いの世界に入った当時、先輩芸人たちの楽屋話の面白さに魅入られていた。

舞台の上で演じるネタの面白さとは別の種類の笑いがそこにはあった。『パペポＴＶ』ではその雰囲気を再現しようとしていたのだ。

ときに放送禁止用語を口にするのも、上岡流の視聴者へのサービスだった。内容としては大したことを言っていなくても、言葉が伏せられているとそれだけで視聴者の想像力がかき立てられ、興味がそそられる。そこが狙いだった。

上岡の存在を東京に知らしめるもう１つのきっかけになった番組が、１９９０年に始まった深夜番組『ＥＸテレビ』（日本テレビ系）である。月曜から金曜の帯番組で、月・水・金が東京の日本テレビ制作、火・木が大阪の読売テレビ制作だった。上岡は火・木にレギュラー出演していた。

番組のテーマは「テレビ論」。テレビ自体について考えることをテーマにして、毎回さまざまな趣向を凝らした企画を行っていった。

「視聴率」について取り上げた回では、視聴率の計測方法について疑問を投げかけた。視聴率調査の機械が設置されている世帯数は全体の中ではごくわずかでしかないのに、そこから算出される視聴率に業界全体が一喜一憂しているのはおかしいのではないか。

そこでこの番組では、視聴率調査の機械を持っている世帯に向けて「番組終了後にNHK教育テレビにチャンネルを合わせてみてほしい」と呼びかけた。深夜だったので教育テレビでは何も流されていなかった。

ところが、この実験によって、何も放送されていないはずの時間帯に教育テレビの視聴率が跳ね上がってしまった。

この実験を行ったことで局の幹部は制作スタッフに激怒した。視聴率調査を行っているビデオリサーチ社からもクレームが入った。

だが、制作スタッフはしたたかだった。「では、ぜひその考えをお聞かせいただけませんか」と答えて、翌週の放送でビデオリサーチ社の担当者をゲストに招き、視聴率についてじっくり語ってもらったのである。

また、今でもテレビ界の伝説になっているのが「低俗の限界」という企画。全裸の女性が股を開いている手前に、上岡らが座ってトークを繰り広げる。女性の局部は彼らの頭で隠れているだけの状態だ。テレビの低俗さの限界に迫るこの企画は大反響を巻き起こした。「面白ければ何でもあり」「東京のテレビには負けない」という雰囲気があった大阪のテレビ界で、上岡は数々の型破りな番組に携わっていた。

東京でも放送されていたこれらの番組を見て、東京のテレビ制作者は衝撃を受けた。彼らの間で、上岡を「ポストたけし・さんま」として東京のテレビでも起用しようという機運が高まっていった。

「関西最後の大物」、東京へ

平成が始まったばかりのこの時期、たけし、さんまの勢いにも陰りが見え、とんねるず、ウッチャンナンチャンらの若手が台頭してきていた。

ただ、新興勢力はいずれも若者向けの芸人であり、大人向けの落ち着いた雰囲気を持った芸人はまだまだ求められていた。そこで白羽の矢が立ったのが「関西最後の大物」と言われていた上岡だった。

最初は上岡も自身の東京進出に懐疑的だった。東京では自分のような芸風は受け入れられるはずがないと思っていたのだ。本人はそう語っていた。


ぼくがゴールデンタイムに出だしたらもうおしまいでしょうね。そんなところで容認されるようでは、ぼくじゃないですからね。

(『PLAYBOY』1990年9月号)


ところが、いざ上岡が東京で番組を始めてみると、評判も上々で、どんどん仕事は増えていった。東京では、上岡のように断定口調で偉そうにものを言う大人向けの司会者が不在だったのだ。

上岡が東京のテレビに出始めたのとちょうど同じ時期に、司会者として確固たる地位にあった大橋巨泉が「セミリタイア」を宣言して番組を降板していた。ズケズケとものを言う巨泉の芸風は上岡にも通じるところがあった。

上岡は、「ポストたけし・さんま」というよりも「ポスト巨泉」として受け入れられたというのが実情に近いのではないかと思う。

歯に衣着せぬ直言を売りにしていた上岡は、たびたび舌禍騒動を巻き起こした。

特にオカルト嫌いであることは有名で、占い師や霊媒師などと共演すると徹底的に批判したり、怒りのあまり途中で番組を退席してしまったりした。「信じるか信じないかは自由」というようなオカルト思考の曖昧さを上岡は決して許さなかった。

上岡がオカルト嫌いになった背景には、小6のときに最愛の母を亡くしたことがある。このとき、がんを患っていた母のもとにはインチキ臭い霊媒師や霊能者と称する人たちが押し寄せてきた。彼らは誰一人として母の病気を治すことはできなかった。

上岡はそれ以来、霊能者と自称するような人間を一切信用しなくなり、テレビでもその立場を貫いた。

東京で急激に人気が出た理由について、本人は冷静に分析していた。理屈っぽくてこだわりが強い性格なのは子供の頃から変わらないのだが、若い頃にはそれが生意気だと思われていた。

ただ、40歳を過ぎて、髪に白髪が交じり始めるようになると、その性格が見た目に合ってきた。それで徐々に世間にも受け入れられるようになってきたのだろう、と彼は考えていた。

引退を決めた理由

上岡は東京進出に成功した。好き嫌いの分かれる憎まれ役ではあるものの、司会者としてもゲストとしてもスタッフが期待する役割をしっかりこなせるため、重宝された。

しかし、上岡自身はそんな状況に満足はしていなかった。昔からの趣味である古代史の研究や、新たに始めたゴルフやマラソンに夢中になったりしていた。また、テレビ以外の場所で芸人として自主的な活動も行っていた。

劇団を旗揚げして、もともとの夢だった芝居、そして講談、さらに漫談のライブまで開催していた。テレビの枠にとらわれず、芸人としての芸を磨くことを怠ってはいなかった。だが、それらはあくまでも舞台の活動にとどまっていて、世間にはあまり認知されていなかった。

そして、あるとき、上岡は引退を決意した。引退の理由はいくつか挙げている。そのうちの1つは、冒頭に述べた「妻に指摘を受けた」という話。

別の理由としては、新幹線で若手芸人に会って挨拶をされた際、挨拶の後の言葉が続かずに戸惑った、という体験があった。

このときに上岡が思ったのは、自分も若手時代に大先輩と顔を合わせる機会があり、世代が違いすぎて何を話したらいいのか分からなかった、ということだ。とにかく気を使わないといけないという思いだけがあり、空気が重かった。

あのときの空気の重さを振り返ると、自分がそれを生み出す側になっていることがショックだった。

また、別の話もある。あるとき、楽屋で鏡を見て、白髪交じりの老人が見えた。このおじいさんは誰だろうと思ってよく見てみると、鏡に映った自分だった。内面は変わっていないのに体は確実に衰えている。それも許せなかった。

もっともらしい理由としては、ゴルフにはまっているのでアメリカに渡ってゴルフのプロになりたい、という夢があった。引退の理由としてテレビではこのことをよく語っていた。

ただ、どの理由に関しても、世間やタレント仲間からは真剣に受け取られていなかった。

上岡と言えば、その場しのぎの口から出まかせが得意な屁理屈人間である。前言撤回も日常茶飯事だ。

「東京には行かない」とあれほど言っていたのに、いつのまにか東京のテレビで人気を博していた。ゴルフもマラソンもやらないと宣言していたのに、いつのまにか夢中になっていた。

芸能人になるような人は普通、チヤホヤされて高収入が得られるテレビの仕事からは降りられない。だから上岡もすぐに帰ってくるだろう。みんなそう思っていた。

ところが、上岡は本当に姿を消した。2000年3月ですべてのテレビの仕事を終えて、きれいさっぱりいなくなってしまったのだ。

彼がタレントとして最後に人前に立ったのは、2000年4月の大阪・松竹座での公演『上岡龍太郎引退記念 かわら版 忠臣蔵』である。これが上岡の芸能人生の締めくくりとなった。

このとき、上岡は舞台上で引退口上を述べた。

「…（略）…思い返してみますれば、昭和三五年、この世界に足を踏み入れてから、この四〇年間、なんの苦労もなく、楽しいだけの四〇年でした。素晴らしい人たちに囲まれての幸せいっぱいの四〇年でした。そのうえ、身に余るこのような引退の花道の舞台を作っていただき、もう思い残すことはございません」

（戸田学著『話芸の達人 西条凡児・浜村淳・上岡龍太郎』青土社）

さんま・鶴瓶は「テレビ芸」の達人

上岡はなぜ引退したのか。基本的には、引退口上で述べた「もう思い残すことはございません」という言葉が文字通り本音に近いのではないかと思う。

テレビという分野でも、舞台という分野でも、上岡は自分にできることを一通りやり尽くしていた。それ以上の夢や野望はなかった。だから潔く引退を決めたのである。

上岡は、自分が本質的にはテレビに向いていない芸人であると思っていた。

「テレビで面白いのは、素人が芸をやるか、玄人が私生活を見せるか、2つに1つだ」という彼の持論がある。

テレビはリアルを見せるものなので、素人が背伸びして芸をやろうとして上手くできないのがおかしい。また、玄人がプライベートな一面を見せるというのも、それはそれで身近に感じられて面白い。

だが、玄人が芸をやると、あざといし嫌味に見えてしまう。テレビではそういうものが通用しないのだ。

上岡はつねづね「テレビ芸の理想は明石家さんまや笑福亭鶴瓶である」と語っていた。

彼らは、何十年も前から話しているエピソードを、まるで昨日のことのように臨場感を出しながら熱く語ることができる。鶴瓶は興奮すると言葉を詰まらせながらも必死でしゃべる。これがテレビの話芸というものだ。

一方、上岡自身は何でもよどみなくペラペラと話をすることができる。これは芸としては優れている部分もあるのだが、テレビという枠の中ではリアリティが感じられず、違和感が出てきてしまう。

「自分には鶴瓶のようなしゃべりはできない」と思っていた上岡は、テレビ芸に向いていない自分の才能を見限っていた。

また、東京のテレビでは、大阪でやっていたような「嫌味な屁理屈キャラ」というのが通じなかった。

上岡が感じの悪いことを言うと、東京の視聴者にはそのまま「なんて嫌なやつだ」と受け取られてしまう。何でも「笑い」というフィルターを通して受け止めようとしてくれる関西とは違っていた。東京では、ありのまま、見たままの表層的な部分にしか注目されない。そのことにも違和感を感じていた。

また、上岡が漫画トリオとしてネタをやっていたのも、ずいぶん過去の話になっていた。若い視聴者やスタッフの中にはトリオ時代のことを知らない人も多い。上岡がわざとふざけて偏屈なことを言っても、彼らにはそれを冗談として受け取ってもらえないことが多かった。

当時の若者向けのアイドル雑誌『POTATO』1990年7月号では「TV界の新トレンド⁉ いいたい放題、やりたい放題 いけないオジさんグラフィティ」という記事が掲載されていた。

この記事の中では、最近のテレビではオジさんたちがやたらと活躍しているとして、上岡龍太郎が大島渚、舛添要一と並んで紹介されていた。

テレビでも気に入らないことがあると感情をむき出しにして「バカヤロー」などと過激な発言をしていた映画監督の大島渚。喧嘩別れの形で勤めていた東大を退官して、討論番組の『朝まで生テレビ!』(テレビ朝日系)などに出演して有名になった国際政治学者の舛添要一。

この並びを見れば明らかなように、上岡の流暢なしゃべりや強引な屁理屈は、東京のテレビでは芸としてウケていたわけではなかった。「偏屈な頑固オヤジ」という分かりやすいアイコンとして消費されていただけだった。

ビートたけしや明石家さんまのようなテレビスターは、単なる芸の部分を超えたところで、その人間性まで含めて多くの人に愛されていた。上岡はテレビタレントとしてはそのレベルに達していなかったのである。

憎らしいほど完璧な引退

一方、舞台で見せる芸に関しても、世間からはまともに評価されなかった。上岡がトリオ解散後、自分の1人しゃべりの理想として掲げていたのは、立川談志のスタンダップコメディだった。

談志は若い頃、スーツを着て舞台に立ち、漫談を披露することがあった。上岡はその芸に魅了され、自分もそういうことをやりたいと考えていた。

上岡は舞台で1人しゃべりをしばしば披露していた。だが、テレビタレントとしての彼がどれほど人気があっても、舞台芸の方はまともに評価されてこなかった。

昔から上岡の知識量やボキャブラリーの豊富さを高く買い、弟のようにかわいがってきたという談志ですら、上岡の話芸については「語りは家元【編注：談志】の鑑賞の対象にゃならない」「並みの客ぅ騙せても家元は騙せない」と厳しい評価を下していた（立川談志著『談志百選』講談社）。

落語という伝統芸能に打ち込んできた談志などと違って、上岡には依って立つ芸がなかった。彼が芸人であることからあっさり降りられたのは、その点も関係していると思われる。

そもそも上岡は、訳知り顔で理屈を言う自分のような芸人が一番嫌いだと公言していた。彼の理想とする芸人は、感情だけでものを言う横山ノックや笑福亭鶴瓶だった。

彼は芸の世界に憧れ、芸人に憧れながらも、自分自身が芸人であることには見切りをつけていたのである。前述の著書で談志もこう書いていた。

上岡龍太郎は芸能、つまり芸人の世界に憧れ、惚れまくっているくせに、己れはそれに入っていけないのだ。

(『談志百選』)


上岡龍太郎は最後までテレビ芸を究めることはできず、芸の道を究めることもできなかった。自分の才能の限界を誰よりも冷静に見極めていた。だからこそ、あれほどあっさりと引退を選ぶことができたのである。

上岡が引退した2000年には「IT革命」という言葉が新語・流行語大賞の年間大賞を受賞している。21世紀を前にして、インターネットがいよいよ力を持ち始める時期だった。

平成が終わろうとしている今、インターネットは人々を連帯させるのではなく、世界を分断させる方向に働いている。ネット上では人々が自分の好きなものだけを見て、自分の主義主張に合う情報だけに触れることができる。

かつてのテレビの世界にあったような、さまざまな価値観が入り乱れる「ごった煮」の面白さを楽しむ余裕はもうない。

テレビの中で異物として機能していた上岡のような芸人はもう出てこないかもしれない。誰も頑固オヤジの説教など聞きたくはないのだ。

稀代の「憎まれっ子」は、時代の空気を読み、己の資質を見極めて、最後まで憎らしいほど完璧に芸能界から退いていった。

2003年
（平成15年）

笑福亭鶴瓶、深夜の生放送で局部露出

7章

過去にも同様の事件があった

2003年、笑福亭鶴瓶が生放送のテレビ番組で泥酔して局部を露出してしまった。この事件は今でもテレビ界の伝説として語り継がれている。

平成の出来事だからそれほど古い話ではないはずなのだが、はるか遠い昔のように感じられるのは、今のテレビではこのようなハプニングが限りなく起こりにくくなっているからだろう。

この事件でテレビ局は謝罪する事態になったのだが、世間では鶴瓶を責める声はほとんどなく、本人にも何のおとがめもなかった。

さかのぼれば、鶴瓶がテレビで局部を露出したのはこれが初めてではない。若手の頃にも同様の事件があった。

大阪を拠点に活動していた若手時代の鶴瓶は、何か気に入らないことがある鳴り散らして暴れるような危険人物として恐れられていた。

彼は俳優の山城新伍に気に入られて、テレビ東京の『独占！男の時間』に呼ばれた。撮影前、若いディレクターが鶴瓶にこんなことを言った。

「新伍さんに頼まれてね。それで君を呼んだんだよ」

この言葉にカチンときた鶴瓶は、本番で仕返ししてやると心に決めた。生放送で温泉レポートをする際、タオルを巻いた彼の体がアップになった瞬間を見計らって、タオルをサッと取り、局部を露出してみせたのである。

一瞬の静寂の後、現場は大パニックになった。問題のディレクターも自分が責任を問われることが分かっているのでうろたえた様子だった。これが問題になって、鶴瓶は二度とその番組に呼ばれなくなってしまった。

だが、山城だけは鶴瓶のことを気にかけていた。この番組の最終回に再び鶴瓶を呼び出したのである。

本番前、山城は鶴瓶に「最終回だからお前の好きなようにやり」と耳打ちした。鶴瓶はそれを聞いて、再び暴走する覚悟を決めた。

後ろ向きで壁に向かってポスターを貼るだけの地味な役回りだったのが、生放送中に自分がアップになるタイミングを見計らってズボンとパンツを下ろし、尻の穴を丸出しにしてしまった。

鶴瓶はそのままスタジオから全裸で逃走して、テレビ局の敷地内にあった池に飛び込み、そこにいた錦鯉を踏み殺してしまった。この事件が問題となり、鶴瓶はそれから28年間、テレビ東京の番組に出られなくなった。

ここまで危なっかしいキャラクターを持っている一方で、鶴瓶には人の良さそうなイメージもある。

いつも笑顔を絶やさず、老若男女に愛されている。『ザ！世界仰天ニュース』『鶴瓶の家族に乾杯』など数々のレギュラー番組を持ち、俳優として多くの映画やドラマにも出演している。

明石家さんまや後輩芸人からは「目の奥が笑っていない」「悪瓶」などとからかわれることもある。

鶴瓶とは、温和な常識人なのか、エキセントリックな変人なのか。実は、一見すると両極端に見える鶴瓶のこの二面性は、どちらも本質的には1つの要素に由来している。そこに鶴瓶という人間を読み解く鍵がある。

事件が起きるまで

事件の経緯を振り返ってみよう。まず、注目すべきは、これがなされたのがフジテレビの『FNS27時間テレビ』の深夜枠という特殊な状況下だったということだ。

『FNS27時間テレビ』とは、1987年に始まったフジテレビの特番である。日本テレビのチャリティ特番『24時間テレビ 愛は地球を救う』のパロディ企画として、フジテレビ開局30周年を記念して『FNSスーパースペシャル 1億人のテレビ夢列島』という番組が立ち上げられた。

募金を集めるためという立派な大義名分がある日本テレビの『24時間テレビ』に対して、単に夜通しでバラエティ的な悪ふざけをする番組として『FNS27時間テレビ』の企画が始まったのだ。1987年放送の第1回の視聴率が高かったことから、その後は毎年恒例の企画になった。

この番組の深夜枠では、芸人たちが中心になって、深夜だから許される悪ふざけをする企画が行われていた。その中の名物企画の1つが「さんま・中居の今夜も眠れない」である。

明石家さんまと中居正広が、スタジオに設置された一人暮らしのアパートをイメージしたセットでフリートークを繰り広げる。さんまがここ1年のうちに出会った気になった女性をランキング形式で紹介する「ラブメイト10」が恒例企画だった。

2003年6月28・29日の『FNS27時間テレビ みんなのうた』の中で、「今夜は眠れない」が行われた。ここで長崎県の飛島と中継をつなぐ場面があった。さんまと中居のトークの合間に何度か中継が挟まれる構成だった。

中継先に出ていたのは鶴瓶とココリコ。鶴瓶は前年も同様の企画で泥酔して醜態をさらしていたことから、「今年は絶対飲みません」と宣言していた。

ところが、いざ蓋を開けてみると、鶴瓶はいつのまにか酒を飲み始め、どんどん酔っ払っていった。

深夜2時過ぎに何度目かの中継をつなぐと、鶴瓶は布団の中で熟睡していた。上半身は裸で、下半身にはビキニパンツを身に着けているだけだった。ココリコの遠藤章造は鶴瓶の頭から水をかけて、無理矢理目覚めさせた。

全身を布団にくるんだ状態で、鶴瓶は上半身だけ身を起こした。だが、まだまだ意識は朦朧としていて、ボーッとしている様子。

そんな鶴瓶に対して中居が「座ってるなんて失礼ですよ。もう立って、ビシッと」と呼びかけた。

そこで鶴瓶が起き上がった瞬間、事件が起こった。立ち上がった鶴瓶のパンツがなぜかずり下ろされていて、局部が丸出しになっていたのである。

遠藤がすかさずカメラと鶴瓶の間に割って入り、カメラマンもカメラの向きを変えたため、実質的に問題の箇所が映っていたのはほんの一瞬のことだ。

スタジオにいた中居は目を見開いて驚き、さんまは後ろに倒れ込んだ。そのまま慌ただしくCMに切り替わった。

このとき中継先の撮影を担当していたカメラマンは辻稔《つじみのる》。『めちゃ×2イケてるッ！』『内村プロデュース』『ロンドンハーツ』『アメトーーク！』など、数々のバラエティ番組の撮影を手がけているプロ中のプロだ。

テレビのカメラマンは、ロケの撮影をするとき、片方の目でファインダーを覗きながら、もう片方の目で全体の状況を見ている。

そうすることで、次に撮るべきものを決めたり、映してはいけないものは映さないという判断をすることができる。このときももちろん、辻は鶴瓶の見えてはいけない部分を絶対に映さないつもりでいただろう。

ただ、鶴瓶はパンツをはいた状態で布団にくるまって横になっていた。歴戦の雄である辻も、鶴瓶が布団をめくって起き上がったときにまさかパンツを脱いでいるとは予想できなかったのだ。

約1時間後に番組内で高島彩アナウンサーが「放送中にお見苦しい点があったことをお詫びします」と謝罪した。

この直後からフジテレビには「見苦しいものを見せるな」という抗議の電話とメールが寄せられた。電話は150件以上、メールやホームページへの書き込みも合わせると約500件もの抗議が殺到したという。

リアルを追求する鶴瓶の流儀

鶴瓶自身は事件の瞬間に酔っ払っていたため、見せたくて見せたわけではないと思われる。ただ、いざとなったら「見えてもいい」とも思っていたのではないかと考えられる。

鶴瓶は、自分が局部を露出すること自体にはさほど抵抗がないと語っている。

顔だってあそこだって、同じ僕の身体の一部に過ぎない。顔を出していても恥かしくないのに、どうしてあそこだけが恥かしいのだろう、という素朴な疑問が僕にはある。『そんなもん、なんとも思えへんわ』と思ってしまう僕は、やはり少し異常なのだろうか。

（笑福亭鶴瓶著『哀しき紙芝居』シンコーミュージック）

泥酔して局部を露出する鶴瓶も、『家族に乾杯』で道行く一般人に優しく話しかける鶴瓶も、どちらも同じ人間であり、本質的にはそれらの行為は同じ1つの思いから発している。その思いとは「リアルを見せたい」ということだ。

鶴瓶の仕事の二本柱は「自分が話をすること」と「他人の話を聞くこと」である。ライブ、テレビ、ラジオなど、彼の芸能活動はすべてこの2つに集約される。鶴瓶は本質的に会話が好きで、人間そのものが好きなのだ。

落語家になったばかりの頃、何をすればいいのか分からず、本などを読んで仕入れた既存の小咄などを披露していた。しかし、これが全くウケなかった。

そこで、自分自身が体験した話を小咄風にアレンジして話してみたところ、今度はすさまじいほどの爆笑を取った。

ここで鶴瓶は自信を深め、体験談をそのまま話すという自分の芸のスタイルを作り上げた。

彼は基本的に他人が体験したことや自分が考えたことを話すのではなく、あくまでも自分が見たり聞いたりして直接体験した話をする。

鶴瓶はそれを自らのオリジナルな話芸と位置づけて、「鶴《つる》瓶《べ》噺《ばなし》」と名付けた。落語でも漫談でもない独特のスタイルを自分の芸として確立させた。

鶴瓶のもう1つの柱は、他人の話を聞くことである。特に、一般人と話をしてそこから面白いエピソードを引き出すのが抜群に上手い。彼がこれに目覚めたのはKBS京都の『丸物わいわいカーニバル』というラジオ番組がきっかけだ。

公開放送のこの番組で、鶴瓶はその場に集まった一般人と会話をする面白さに目覚めた。芸能人でも何でもない普通の人に深く突っ込んで話を聞いてみると、予想外の面白い話が飛び出してくることがある。鶴瓶は番組の中でそれを何度も体験して、ゾクゾクするような楽しさを味わった。これをきっかけに鶴瓶は他人の話を聞くことを自分の芸とするようになった。

「どんな人でも面白い」という信念が鶴瓶にはある。田舎に住んでいるオバちゃんであっても、芸能界で有名なイケメン俳優であっても、彼にとっては同じように興味の対象となるのだ。

自分が体験したことや他人が話すことには、圧倒的なリアリティがあり、作り物にはない面白さが宿っている。鶴瓶はキャリアの中で手を替え品を替え、そのリアルだけを追い求めてきた。

生放送のバラエティが減っている理由

ただの暴挙にしか見えない局部露出事件も、この文脈で理解すべきものだ。

そもそもテレビはなぜ面白いのか。それは、リアルを見せるメディアだからだ。テレビ離れが進んでいると言われる現在でも、オリンピックやワールドカップなどのスポーツ中継は人気が高く、いまだに桁違いの視聴率を叩き出している。

それは、今この瞬間に起こっていることを生で見せているからだ。テレビはリアルを突きつけて、そのことで見る人を楽しませる。

芸人がふざけて局部を露出するのも、収録番組であればそれほど話題にならない。編集でそのシーンをカットしたり、局部にボカシを入れたりして対応することができるからだ。そこには驚きやショックはない。

だが、生放送は別だ。生放送は「何かが起こりそう」という期待感だけで楽しめるものである。鶴瓶の中継コーナーも、ひょっとしたら彼が局部を出してしまうのではないか、という危なっかしさで期待を煽っているところはあった。

もちろん、そこで局部を絶対に映さないというのが局側の基本スタンスである。しかし、それをかいくぐってギリギリのところで見えてしまったら、それはそれで1つの事件になる。

鶴瓶は何の意味もなくポロリとそれをさらけ出したわけではない。酒を飲まないと宣言していたのに飲んで酔いつぶれてしまうとか、見えてしまうに至るまでの流れというものがあり、それが前提になっていたからこそ、あのシーンはショッキングで面白かったのだ。

だが、テレビ全体も、フジテレビも、バラエティ番組でこういうリスクのある勝負を仕掛けることからどんどん離れつつある。

「楽しくなければテレビじゃない」という精神を体現していたフジテレビの伝統だった『FNS27時間テレビ』も、2017年以降は生放送ではなくあらかじめ収録した内容を流すだけになり、ライブ感が薄れている。

最近では生放送のバラエティ番組も減っている。なぜそうなったかというと、生放送は撮れ高が計算できないというリスクがあるからだろう。

現在のテレビでは、1分1秒ごとの熾烈な視聴率争いがある。ネット、スマホなどの普及によって、テレビを見る人の集中力もどんどん削がれている。つまり、途中脱落もしやすい。

視聴者を長く引きつけておくためには、瞬間瞬間に興味を引いて、内容を面白く見せないといけない。そのためには、生放送よりもきちっと編集して作り込んだ映像を見せた方が効果が高いのだ。

だが、そればかりになってしまった今、ハプニングが起こる可能性は薄れていて、バラエティ番組を見ていて「同時性」を感じられることは少ない。バラエティ番組に関して言えば、テレビはライブを見せるメディアではなくなりつつある。

アナログが想像力を育む

事件が起こった2003年当時、テレビはまだデジタル放送ではなくアナログ放送だった。露出してしまったとはいえ、肝心の部分はアナログのザラザラした質感の曖昧な映像としてテレビに映し出されていた。

いわば、露骨なものが出てしまっても、それほど露骨には見えない仕組みになっていた。グレーゾーンはグレーゾーンとして楽しむというのがアナログ時代のテレビの暗黙の了解だった。

これは、デジタルカメラが普及してから心霊写真が廃れてしまった、という現象にも通じる。霊のようなものが写っているとされる心霊写真が一大ブームになったのは、それがアナログ写真だったからだ。

アナログ写真は撮影環境などのさまざまな理由でぼやけてしまったり、正体不明のものが写り込んだりすることがあった。それが人々の想像力をかき立てていたのである。

デジタル写真ではフレーム内のすべての被写体がくっきりと写ってしまうため、想像を差し挟む余地がない。

テレビもデジタル化によってこれと同じ道をたどっている。地上波の一部でデジタル放送が始まったのがこの2003年である。アナログが停波されて、地デジに完全に移行したのが2011年。

それ以降、テレビには生の息遣いが失われた。デジタル時代のテレビには鶴瓶が局部を見せるスキがなくなってしまった。

最高のタイミングで起きた珍事

鶴瓶が局部を見せるのは、そこらの若手芸人が見せるのとはわけが違う。テレビで裸になって暴れるのも、何も背負っていない若手がやっても面白くない。30年以上のキャリアを重ね、50歳を過ぎて第一線を走っている芸人が、これまでのすべてを投げ出すリスクを負って不意に出してしまったからこそ、そこにドラマが生まれるのだ。

鶴瓶　まあ、あれは年いってから……

50過ぎないと、あきませんわな。
俺も20歳ぐらいのときに出してるけど、
あれはもう、
ただの「事件」ですからね。
33年芸人やって、
はじめてチンコも値打ちが出る。

糸井 もっと年取って、これでたとえば、
森繁さんがチンコを出しちゃうと……

鶴瓶 悲しくなっちゃう。
ボケてるようになるでしょう？
……俺は、ちょうどええときに出したなぁ。

(『笑福亭鶴瓶の落語魂。』／ウェブサイト『ほぼ日刊イトイ新聞』より)

あの事件は単なるアクシデントではなかった。テレビの歴史の中でも、鶴瓶のキャリアの中でも、この上ない絶妙なタイミングで露出していた「奇跡的な珍事」だったのである。

現在、ライブ映像の主戦場はネットに移っている。ニコニコ動画（ニコニコ生放送）から始まり、ツイキャス、LINE LIVE、SHOWROOMなど、生で動画を配信するサービスは乱立している。

今ここで起こっていることを見せる。現在のテレビバラエティに足りないのはこのライブ感だ。鶴瓶が見せてはいけないものを不意にさらけ出したあの瞬間こそは、テレビがもう二度と取り戻せない瞬間なのかもしれない。

2007年

（平成19年）

有吉弘行、品川祐に「おしゃべりクソ野郎」発言

8章

有吉と品川が出会うまで

2000年代に入り、テレビバラエティの世界では芸人が飽和状態になっていた。90年代半ばには『タモリのSUPERボキャブラ天国』『進め!電波少年』という2つの番組がブームになり、それぞれから多くの若手芸人が輩出された。

だが、その中で冠番組を持つようなポジションまで上り詰められたのはほんの一握りだった。それ以外の芸人はそこまでたどり着けないまま、市場にあふれることになった。

そんな彼らの才能を有効活用するための場所として「ひな壇」というシステムが生み出された。スタジオに階段状のステージを設けて、そこに芸人を座らせて、トークをさせる。多くの芸人が順番に面白いエピソードを話していけば、自然と面白い番組ができる。また、その過程では芸人同士のやり取りで化学反応が起こって新たな笑いが生まれる、というメリットもあった。

ひな壇を世に広めたのが『アメトーーク!』(テレビ朝日系)である。この番組で多くの視聴者はひな壇の楽しみ方を知り、新しい世代の芸人の面白さに目覚めた。

　ここでは同世代の多くの芸人が火花を散らしていた。その中に2人の対照的なキャリアをたどった芸人がいた。有吉弘行と品川祐である。

　有吉は猿岩石というコンビで『進め！電波少年』（日本テレビ系）の「ユーラシア大陸横断ヒッチハイク」という企画に参加した。これがきっかけで大ブレークを果たしたのだが、その後しばらくすると仕事がなくなってしまい、「一発屋」と呼ばれるようになっていた。

　鳴かず飛ばずのままコンビは解散し、仕事もほぼゼロになり、絶望的な状況を経験した。毎日毎日ひたすら家にこもってテレビを見るだけ。食事は1日1食、スーパーで安く売られている見切り品を買っていた。

　だが、有吉はそこから奇跡的に這い上がった。『内村プロデュース』（テレビ朝日系）に出演して、裸になって暴れるような無茶をする柄の悪いキャラクターを出していった。

　それらの仕事が業界内で評価されて、『アメトーーク！』にも呼ばれるようになっていた。

　一方の品川は、芸人としてのキャリアは順風満帆だった。よしもとのお笑い養成所「NSC東京」の1期生だった品川は、品川庄司というコンビで銀座7丁目劇場に出演していた。そこでネタを磨き、『爆笑オンエアバトル』（NHK）などでもネタが評価されて好成績を収めた。

また、負けん気が強くて口が達者だった品川は、バラエティ番組でも早くから目立っていた。2001年には冠番組『品庄内閣』(TBS系)が始まった。

その後、品川はひな壇という居場所を見つけて、そこで自分の存在をアピールした。そもそも「ひな壇芸人」という言葉を世の中に広めたのも彼である。『アメトーーク!』の中で「ひな壇芸人」という企画を自らプレゼンして実現させた。

この企画では、自分がひな壇に座っているときにどんなことを考えて、どういうテクニックを使って目立とうとしているのか、などということを赤裸々に語った。

品川はひな壇という新時代の戦場で、自分の強さに揺るぎない自信を持っていた。

また、品川は文化人としても評価されつつあった。2006年に半自伝的小説『ドロップ』(リトルモア)を出版すると、これが30万部を超えるベストセラーになった。その後、ブログ本、料理本の出版、映画監督業を手がけるようになる。文化人としてのマルチな活動が始まろうとしていた。

「おしゃクソ事変」の衝撃

そんな2人が運命的な瞬間を迎えた。お笑い好きならば誰もが知る「おしゃクソ事変」である。それが起こったのは2007年8月23日放送の『アメトーーク！』だった。

そこで有吉は、ひな壇に並ぶ共演者たちに「世間のイメージを一言で伝える」ということをやっていた。

チュートリアルの徳井義実には「変態ニヤケ男」、福田充徳には「アブラムシ」などとあだ名を付けていた。

ここで出演者の1人である品川を指して「おしゃべりクソ野郎」と言ったところ、客席が揺れるほどの大爆笑が起こったのである。のちに品川もこう振り返っている。

地鳴りみたいな響きがあって、有吉さんが売れる音がしたんです。ああ、この人は売れていくんだなって直感的に思いました。

（『女性セブン』2014年1月9・16日号）

有吉自身にもそれは驚きの体験だった。これまで芸人として10年以上もキャリアを重ねてきた中で、ここまで爆発的にウケるのは初めてだったからだ。

そのとき、「ああ、こういうのがお笑いなんだ」と気付いた。有吉が何かに目覚めた瞬間だった。

言われた直後のリアクションを見ると、品川は明らかに自分が言われたことの重さに気付いていない。「おしゃべりクソ野郎で売れないでしょ」などとのんきなことを言っている。

この時点では、品川は自分が他人をイジる側の人間だと思っていたため、イジられることを不愉快に思っていた。だから、有吉の言葉をまともに受け止めようとしていなかったのだ。

だが、このときの品川の理解は間違っていた。有吉は「いろいろな人にあだ名を付けていく中で、品川だけに特別にひどいあだ名を付ける」というボケを放ったわけではなかった。

実は、芸人たちも、スタジオにいた観客も、視聴者も、誰もがみんな、潜在的に品川のことを「何となく鼻につく」と感じていた。

その潜在的な気分を有吉が「おしゃべりクソ野郎」という言葉で端的に表現してくれたことに感動したのだ。

「おしゃべりクソ野郎」は決して言いすぎではない。当時の品川がかもし出していたいけ

過去にも同様の事件があった

2003年、笑福亭鶴瓶が生放送のテレビ番組で泥酔して局部を露出してしまった。この事件は今でもテレビ界の伝説として語り継がれている。

平成の出来事だからそれほど古い話ではないはずなのだが、はるか遠い昔のように感じられるのは、今のテレビではこのようなハプニングが限りなく起こりにくくなっているからだろう。

この事件でテレビ局は謝罪する事態になったのだが、世間では鶴瓶を責める声はほとんどなく、本人にも何のおとがめもなかった。

さかのぼれば、鶴瓶がテレビで局部を露出したのはこれが初めてではない。若手の頃にも同様の事件があった。

大阪を拠点に活動していた若手時代の鶴瓶は、何か気に入らないことがあるとすぐに怒鳴り散らして暴れるような危険人物として恐れられていた。

彼は俳優の山城新伍に気に入られて、テレビ東京の『独占！男の時間』に呼ばれた。撮

2003年
（平成15年）

笑福亭鶴瓶、深夜の生放送で局部露出

鶴瓶はそのままスタジオから全裸で逃走して、テレビ局の敷地内にあった池に飛び込み、そこにいた錦鯉を踏み殺してしまった。この事件が問題となり、鶴瓶はそれから28年間、テレビ東京の番組に出られなくなった。

ここまで危なっかしいキャラクターを持っている一方で、鶴瓶には人の良さそうなイメージもある。

いつも笑顔を絶やさず、老若男女に愛されている。『ザ!世界仰天ニュース』『鶴瓶の家族に乾杯』など数々のレギュラー番組を持ち、俳優として多くの映画やドラマにも出演している。

明石家さんまや後輩芸人からは「目の奥が笑っていない」「悪瓶」などとからかわれることもある。

鶴瓶とは、温和な常識人なのか、エキセントリックな変人なのか。実は、一見すると両極端に見える鶴瓶のこの二面性は、どちらも本質的には1つの要素に由来している。そこに鶴瓶という人間を読み解く鍵がある。

影前、若いディレクターが鶴瓶にこんなことを言った。

「新伍さんに頼まれてね。それで君を呼んだんだよ」

この言葉にカチンときた鶴瓶は、本番で仕返ししてやると心に決めた。生放送で温泉レポートをする際、タオルを巻いた彼の体がアップになった瞬間を見計らって、タオルをサッと取り、局部を露出してみせたのである。

一瞬の静寂の後、現場は大パニックになった。問題のディレクターも自分が責任を問われることが分かっているのでうろたえた様子だった。これが問題になって、鶴瓶は二度とその番組に呼ばれなくなってしまった。

だが、山城だけは鶴瓶のことを気にかけていた。この番組の最終回に再び鶴瓶を呼び出したのである。

本番前、山城は鶴瓶に「最終回だからお前の好きなようにやり」と耳打ちした。鶴瓶はそれを聞いて、再び暴走する覚悟を決めた。

後ろ向きで壁に向かってポスターを貼るだけの地味な役回りだったのが、生放送中に自分がアップになるタイミングを見計らってズボンとパンツを下ろし、尻の穴を丸出しにしてしまった。

すかない雰囲気をそのまま正しく言い当てていた。だから、みんなが笑った。

このとき、有吉は新しい笑いの扉に手をかけていた。

あだ名芸がきっかけで大ブレーク

「おしゃべりクソ野郎」の衝撃は業界内でまたたく間に広まった。有吉はあらゆるバラエティ番組に呼ばれるようになり、そこで出演者たちにあだ名を付けることを求められた。「あだ名芸」には絶妙なバランス感覚が必要だ。少しでも「違う」と思われてしまったら笑いにならないし、本人から反感を買ってしまうかもしれない。

そこを有吉は巧みに乗り切った。あだ名を付ければ確実に笑いを取ってみせた。ベッキーに対する「元気の押し売り」、和田アキ子に対する「リズム&暴力」など、のちのちまで語り継がれる名作もたくさんあった。

そうやって結果を出し続けて、有吉はこの怒涛の「あだ名バブル期」を乗り切った。

ただ、有吉自身は、この時点では自分の未来に何の期待も自信も持ってはいなかった。一発当てた後、世の中の人々がどのように冷めていき、どのように興味を失っていくのかということが、自身の経験から誰よりもよく分かっていたからだ。
有吉は「猿岩石で一発当てて、今あだ名芸で二発目を当てたに過ぎない」と考えていた。当時の本人のインタビュー記事などを読んでも、実に冷めた姿勢であることがうかがえる。

好感度アップを目指す芸能界の風潮の中では、真逆ですもんね（笑）。事務所的にはまったくプラスのない人間だし、CMとか絶対にないし、レギュラーとか向いてないですから。飛び道具みたいな役目なんで、レギュラー番組とか無理だろうし。僕にはその方が合ってます。

（『スコラ増刊』2008年6月1日号）

ひな壇の隅っこで吠えたり噛み付いたりして笑いをもぎ取る。それ以上は何も望まない。それがこの時期の有吉の偽らざる気持ちだった。
だが、有吉はこの時期を乗り越えて、次のステージに移行した。主要なバラエティ番組を一周してからも、その勢いは衰えなかった。
ここから有吉の快進撃が始まった。ひな壇で確実に笑いを取る「点取り屋」として重宝され、各番組に引っ張りだこになった。

２０１１年には「テレビ番組出演本数ランキング」で１位を獲得。現代を代表するテレビタレントの１人となった。

２０１１年以降には『有吉反省会』『有吉ゼミ』『有吉弘行のダレトク⁉』などの冠番組が始まり、ＭＣの仕事が増加していった。数字が伴わなければあとが続かないものだが、有吉はそこでも見事に結果を出した。冠番組はどれも人気になり、レギュラーはさらに増えていった。

有吉というと毒舌のイメージがあるが、実は猛毒を吐いていたのは初期の頃だけだ。特にＭＣになってからはきつい毒舌は鳴りを潜め、進行に徹する場面が目立った。

ＭＣとしての有吉は、番組の時間枠や内容に合わせて毒の濃度を自在に調整することができる。出始めた頃に最も濃い部分を見せてブレークしたことで、視聴者の中にはその毒の余韻が残っている。

それをベースにして、有吉は毒の濃さを使い分けて、当代随一のテレビスターになることに成功した。

調子に乗りすぎた品川の凋落

一方、「おしゃクソ事変」を機に、品川の運命はがらりと変わった。あの瞬間から品川は「嫌ってもいい人」になった。この変化は大きかった。

品川自身は何も変わっていないはずなのに、彼に対する世間の見方が変わった。その後、品川は映画監督を務めるようになり、ますます文化人路線に傾倒していくことになった。

主戦場としていたひな壇の仕事も徐々に減り始め、バラエティでは品川を見かける機会が年々少なくなっていった。

「嫌ってもいい人」という扱いになったことで本人も自信を失っていき、それまであったように見えた人気も泡のように消えていった。

また、品川は血気盛んな若手時代にテレビのスタッフに対して横柄な態度をとっていた。被害を受けたスタッフは品川のことが心底嫌いになり、二度と番組に呼びたくないと考えるようになった。これがどんどん積み重なり、自業自得で品川の仕事は激減していった。

2012年放送の『アメトーーク！』では、東野幸治がプレゼンした「どうした⁉︎品川」

という企画が行われた。文化人気取りで調子に乗っていた品川が、最近どうも元気がない。だからもっと元気を出してほしい、という建前で、実のところはそんな彼のことをひたすら褒め殺しにするという内容だった。

収録で先輩芸人が話している途中で強引に割り込んで話を横取りしたり、傍若無人にしゃべり続けたせいでディレクターから「品川しゃべりすぎ」とカンペを出されたりしていることが明かされた。

ここで品川は東野に完膚なきまでに叩きのめされた。品川は嫌われることをネタにする芸人に成り下がっていた。

ひな壇芸人としてバラエティの最前線にいた品川が、現在はレギュラー0本にまで追い込まれている。今ではすっかり覇気がなく、たまに『アメトーーク！』に出ても話す内容はほぼすべて自虐ネタだ。

以前は有吉の方が「惨めな一発屋」だったのだが、いまや2人の立場は完全に入れ替わってしまった。

たった1回の収録で、いや、たった一言で、2人の芸人の人生がここまで変わったのはこれが初めてだろう。

有吉がひな壇の秩序を破壊した

2人を比べてみると、目の前にある「ひな壇」という戦場における戦い方の違いが、結果の違いにつながったと考えられる。

品川は、ひな壇で勝つための戦略を研究し、それを実践してひな壇芸人の代表格にのし上がった。そのテクニックを訳知り顔でテレビで披露するまでになった。

一方の有吉は、ひな壇に出ていながら、ひな壇のルールを変えてしまったようなところがある。芸人同士で和気あいあいと協力し合うのではなく、不意打ちで厳しい言葉をぶつけて強引に笑いをもぎ取った。

いわば、有吉は、ひな壇というあらかじめ用意されたゲームを攻略しようとするのではなく、ゲームソフトを本体から引っこ抜き、別のゲームを自ら始めたのである。

ひな壇で威張っている品川を「お前なんか、ただのおしゃべりクソ野郎だろ」と突き放すのは、ある意味でひな壇というシステムの否定でもある。

だが、それは、視聴者から品川がどう見えているのかということに関して、ど真ん中の正解を突いていた。だからあれほどウケたのだ。

品川になくて有吉にあるもの。それは、自分を含むすべての存在を「クソ」と突き放す徹底した批評精神である。それは斜めから見ることがスタンダードになりつつある時代の空気にもぴったり合っていた。

この時期、ネットの普及によって、テレビをネタとして楽しむ風潮が生まれた。テレビの中で行われていることを素材として、SNSなどでそれに対してツッコミを入れたり、意見を交わしたりしながら楽しむというやり方が広まってきたのだ。

テレビの世界が手の届かない特別な場所ではなくなった。ツッコミ目線でテレビを見るということが一般的になった。

共演者にも本音ベースの厳しい言葉を投げかける有吉は、そんな視聴者にとって最も信頼できる存在となる。

テレビタレントとしての有吉弘行の強みは、場の状況を読み切る的確な判断力だ。バラエティに出ているとき、有吉はほかのどのタレントよりも視聴者に近い目線に立っている。「こういうことが起こったら面白いのに」「こういうことをズバッと言ってくれる人がいればいいのに」といった視聴者の下世話な願望に見事に応えてくれる。彼が人気者になった最大の理由はこの点にある。

有吉にそれができるのは、一度目のブレーク後に仕事がなくて家に引きこもったときに、ただテレビを見続けるだけの毎日を過ごしたからだ。

日常でさまざまな不満や不安を抱えながら、ぼんやりとテレビを眺めているわがままで移り気な視聴者の心理を有吉は誰よりも知り尽くしている。

有吉は「毒舌」だと言われることもあるが、無理に誰かを悪く言おうとしているわけではない。彼は常にテレビを見ている側の目線に立ち、彼らにとって深く刺さる言葉を選んでいるにすぎない。それが結果として毒々しく見えることもある、というだけのことだ。

有吉は徹底的にへりくだる。品川はクソ野郎だし、自分もクソ野郎だ。芸能人なんてそんなものだ。彼にはそんな割り切りがある。

かつてのテレビは、視聴者に華やかな夢を見せるものだった。だが、今のテレビは、徹底的にリアルを突きつける。

テレビに出るタレントは、テレビそのものに対しても批評的でなければいけないという時代が訪れた。有吉やマツコ・デラックスのような批評精神のあるタレントが人気を博しているのはそのためだ。

歴史がイエス生誕の以前と以後に分けられるように、テレビの笑いの歴史も「おしゃくソ事変」の以前と以後に分けられる。あの瞬間からテレビは建前を捨てて、より本音志向になったのだ。

2007年
（平成19年）

サンドウィッチマン『M−1』で敗者復活から優勝

『M－1』優勝から好感度ナンバーワンへ

「敗者復活戦を制し、9番目の枠を勝ち取ったのは……エントリーナンバー、4201、サンドウィッチマンです！」

テレビ朝日のスタジオで今田耕司がその名を告げると、中継先の大井競馬場のステージは興奮に包まれた。

57組の芸人がひしめく壇上で、大柄で怪しげな外見の2人の男が拳を突き上げながら前に出てきた。お笑いの歴史に残るドラマが始まった瞬間だった。

漫才日本一を決める『M－1グランプリ』（テレビ朝日系）は2001年に始まり、休止期間を挟んで2018年まで続いている。2008年大会で記録した最高視聴率は関東地区23・7％、関西地区35・0％（ビデオリサーチ調べ）。

注目度や影響力の点で紛れもなく「平成最大のお笑いイベント」である。

2007年の『M－1』で事件は起こった。当時全くの無名だったサンドウィッチマンが、敗者復活戦を勝ち抜いて決勝に進み、そのまま優勝を果たしたのである。

弱小事務所の無名芸人が、一夜にしてスターになった。それは紛れもなく現代のシンデレラ・ストーリーだった。

ただ、その後の彼らの活躍を見れば、あの『M－1』での劇的な優勝もほんの序章に過ぎなかったということが分かる。

何しろ、サンドウィッチマンはいまやお笑い界の好感度ナンバーワン芸人である。2018年の『日経エンタテインメント！』と『週刊文春』の「好きな芸人ランキング」のいずれにおいても、それまでトップだった明石家さんまが2位に退き、サンドウィッチマンが1位に躍り出た。

しかも、サンドウィッチマンはそれだけの圧倒的な人気がありながら、「嫌いな芸人ランキング」ではランクインしていない。

一般的に「好きな芸人ランキング」で上位に入る芸人は認知度が高いため、それだけ嫌っている人の絶対数も多くなり、「嫌いな芸人ランキング」でもある程度上位に食い込むのが普通だ。

ところが、サンドウィッチマンにはそれがない。幅広い世代の全国民に愛されていて、嫌う人がほとんどいないのだ。これは本当に珍しいことだ。

いまや「好感度ナンバーワン芸人」となったサンドウィッチマンはいかにして『M－1』を制したのか。その歩みを振り返っていきたい。

実は無名ではなかった

サンドウィッチマンが『M－1』で優勝した後、マスコミなどでは彼らが「無名」であるということがやたらと強調されていた。「何も持っていない芸人が一躍スターになった」という物語を作るために、あえてそうしているという部分はあるのだろう。

だが、個人的にはその風潮に疑問を感じていたし、当時の彼らも同じ気持ちだったようだ。

2007年の『M－1』を迎えた時点で、サンドウィッチマンはお笑い界の中で全くの無名というわけではなかった。2005年からたびたび『エンタの神様』(日本テレビ系)に出演していたからだ。

『エンタの神様』は、ゼロ年代半ばのお笑いブームを牽引した人気番組である。視聴率は常時15~20%を記録していた。オリエンタルラジオ、波田陽区、にしおかすみこ、コウメ太夫など、数々の若手芸人がここから巣立っていった。

サンドウィッチマンは2007年の『M－1』当日までに計15回もこの番組に出演していた。この時代に最も視聴率の高いお笑い番組に何度も出ていたのだから、厳密に言えばそこまで無名ではない。

ただ、それはあくまでもお笑い関係者やお笑いに詳しい人だけの感覚なのかもしれない。一般の人にとっては「どの局のどの番組を見てもたびたび目にする」というレベルまでいかない限りは、それほど印象に残らないものなのだろう。

『エンタの神様』の収録で客席にいるのは若い女性ばかりだ。この番組では、芸人のネタが現場でウケていなくても、編集であとから笑い声を足したりすることも多い。

だが、サンドウィッチマンが初めてネタを披露したとき、客席からはドッと笑いが起こった。その笑い声があまりにも大きすぎて彼らの付けていたピンマイクにまで入ってしまったせいで、収録をやり直すことになったほどだ。

サンドウィッチマンのネタの面白さはお笑いファンには十分知られていた。『エンタの神様』に出るようになってからは、営業の仕事が増えて収入が上がり、バイトをしなくても食べていけるようになっていた。若手芸人としては悪くない位置にまで来ていたのである。

だが、そんな彼らにとって『M－1』だけが鬼門だった。2002年から毎年出場していたが、どうしても準決勝の分厚い壁を超えられなかった。

2007年の『M－1』は「本命不在」と言われていた。実力のあるコンビはすでに優勝していたり、テレビの仕事が忙しくなっていたりして、エントリーしていなかったからだ。

2005年、2006年と2年続けて準決勝に上がっていたサンドウィッチマンは、十分に優勝を狙える位置にいた。

ネタ作りを担当していた富澤たけしは、2007年の大会に向けて日夜研究を重ねていた。過去の『M－1』の映像や質の高い漫才の映像を片っ端から見て、自分たちに取り入れるべきところを探していた。

『M－1』の決勝のネタ時間は4分。大会委員長の島田紳助はこの4分の使い方が勝負の鍵であると公言している。

富澤は自分たちのネタには自信を持っていた。ただ、ライブで普段やっているネタをそのまま持っていっても『M－1』では通用しない。『M－1』で勝つためには徹底的に無駄を削ぎ落とし、完璧な4分の漫才を仕上げる必要があった。

予選が始まり、サンドウィッチマンは順調に準決勝に駒を進めた。しかし、残念ながらストレートに決勝に上がることはできなかった。彼らは敗者復活戦に最後の望みを託すことになった。

大混戦だった敗者復活戦

12月23日、大井競馬場で敗者復活戦が始まった。競馬場の一角に設けられたステージ上で、準決勝で敗れた57組の芸人がたった1つの枠を勝ち取るべく渾身のネタを披露する。

私はこの敗者復活戦を現場で見ていた。広々とした競馬場では風を遮るものが何もないため、12月の冷たい風が絶え間なく体に吹き付ける。お笑いを楽しむための環境としてはかなり過酷だった。

率直に言うと、57組のネタを見終わった後、私は誰が敗者復活を果たすのか全く予想できなかった。

この手のお笑いコンテストでは通常、圧倒的にウケている組が1組だけ存在するならば、その芸人が勝ち上がる可能性が高い。また、2〜3組だけ突出してウケている組がいるなら、その中のどれかだというあたりはつけられる。

だが、この日の会場では、飛び抜けてウケている芸人がいなかったため、誰が勝ち上がるのかは全く予想がつかない状態だった。

当事者であるサンドウィッチマンの2人もそう思っていたようだ。

19時に決勝が始まった。2組目のネタ披露が終わった後、敗者復活者の発表が行われることになった。

中継のカメラが大井競馬場のステージにひしめく57組の芸人を映し出す。はりけ〜んずと中田なおきが現場の司会を務めていて、スタジオの今田耕司と言葉を交わしている。

発表の直前、芸人の群れの後ろの方にいた伊達みきおは、人混みの中で少しでもカメラに映ろうとピョンピョン飛び跳ねていた。

一方、富澤はさらに後ろの端の方にいて、静かに鏡を見ながら前髪を整えていた。

「敗者復活戦を制し、9番目の枠を勝ち取ったのは……エントリーナンバー、4201、サンドウィッチマンです！」

その名前が告げられると、会場は興奮に包まれた。観客の中には立ち上がって拍手を送る者もいた。

ガッツポーズを取った伊達が前方に歩み出てきた。その後、少し遅れて富澤も現れた。

彼らは競走馬を運ぶ馬運車の荷台に載せられて決勝会場のテレビ朝日へと向かうことになった。

その車中で富澤は伊達の異変に気付いた。うわ言のように「マジか！」「すげえ！」と繰り返し、何度も髪をかき上げていた。あまりの衝撃に我を忘れていたのだ。

しばらくして伊達が落ち着きを取り戻し、２人は２本目のネタを決めて、ネタ合わせを始めた。

車は途中で渋滞に巻き込まれてしまったため、彼らは番組が用意した2台のバイクに別々に載せられて会場入りすることになった。

生放送の慌ただしい空気の中で、あっという間にサンドウィッチマンの出番が来た。

「M－１の魔物」が襲いかかった瞬間

彼らが１本目に披露したのは、敗者復活戦で見せたのと同じ「街頭アンケート」だった。

漫才コント（途中でコントに入る形式の漫才）で限られた時間を有効に使うためには、コントに入るまでを極力短くする必要がある。

彼らの漫才では軽いあいさつの後、このようなセリフが交わされる。

伊達「まあ、いろいろ興奮することっていっぱいあるけど、いちばん興奮するのは急いでるときにされる街頭アンケートね」

富澤「ああ、これ、間違いないね」

ここで彼らは首を下に傾けて、コントを演じるモードに入る。余分な前置きをせずに、コンマ1秒でも早くコントの中身に入る。このスピード感こそが『M－1』では必須なのだ。

『M－1』で優勝する漫才は、F1カーの車体のように、無駄な部分が1つもないほど研ぎ澄まされたものでなければならない。サンドウィッチマンの漫才はその水準に達していた。

彼らはこの漫才で決勝ファーストステージの暫定1位に輝き、最終決戦に進んだ。最終決戦に挑んだのは、サンドウィッチマン、キングコング、トータルテンボスの3組。サンドウィッチマンが2本目に選んだのは「ピザのデリバリー」だった。このネタはテレビの収録や営業などで100回以上は演じている。どこでやっても必ずウケる彼らの代表作であり自信作だった。

ところが、ネタの途中でちょっとしたトラブルが起こった。伊達がネタをとばしてしまい、一瞬言葉に詰まったのだ。

富澤はいち早く相方の異変に気付いたが、緊張のあまり自分も言葉が出なくなってしまい、相方をフォローすることができない状態だった。

その直後、伊達は何とか次のセリフを思い出し、ネタを再開した。2人は落ち着きを取り戻し、そのまま漫才を終えることができた。

このネタは今まで100回以上もやっていて、ネタをとばしたことは一度もなかった。

「甲子園には魔物が棲んでいる」と言われることがあるが、『M-1』の決勝の舞台にも間違いなく魔物は存在している。勝負の行方を左右する気まぐれな魔物は、サンドウィッチマンを簡単には勝たせてくれなかった。

最終審査の結果はサンドウィッチマン4票、トータルテンボス2票、キングコング1票。サンドウィッチマンの優勝が決まった。

紙吹雪が舞ったその瞬間、富澤は伊達の肩を引き寄せ、抱きついた。普段は寡黙な男がめったに見せないはしゃぎようだった。

『M−1』は感動好きとして知られる島田紳助の鶴の一声で始まったイベントである。『M−1』が多くの人に愛されてきたのは、それが単なる漫才コンテストではなく、若手芸人たちが本気で勝負に挑む姿が興奮と感動をもたらすからだ。

ただ、敗者復活からの優勝という事態は、そんな紳助でさえも予想していなかった奇跡的な出来事だった。

前述の通り、『M−1』が最高視聴率を記録したのはこの翌年の2008年である。サンドウィッチマンの優勝という空前の事態によって期待感が高まり、それが翌年の盛り上がりにつながったのだろう。

コンビ愛と地元愛

その後、この感動的なドラマの主役である彼らは、テレビ各局から引っ張りだこになった。

伊達は短い金髪に派手な色のネクタイを締めていて、風体だけなら完全にタチの悪いチンピラそのもの。富澤は目付きが悪い上にブカブカのスーツを着ていて、得体の知れない不気味さを漂わせていた。

そんな無骨な見た目の彼らは、宮城育ちの素朴な好青年だった。テレビでは彼らが優勝するまでの下積み時代にずっと同じアパートで一緒に暮らしていたことが面白おかしく報じられた。

本人たちにとっては生活費を節約するための苦肉の策でしかなかったので、それが面白がられるのは不思議な感じがした。

確かに、売れていない芸人同士が家賃を節約するために一緒に暮らすのは珍しいことではない。ただ、男性のコンビで同棲するのはきわめて珍しい。

男性2人が狭いアパートで貧乏暮らしをしていたという話も、彼らの仲の良さを示すエピソードとして広まっていった。

彼らは高校の同級生だったのでもともと仲が良く、その関係性は芸人になってからも変わらなかった。

テレビや舞台に出ていても、コンビ仲の良さを感じさせる場面が多い。伊達がアドリブで変なことを言って富澤が思わず笑ってしまう、という光景がしばしば見受けられる。

強面の2人が人の良さそうな笑顔を浮かべながら仲良くはしゃいでいる姿が、何とも言えないかわいらしさをかもし出している。

また、彼らは仙台出身であることを事あるごとにアピールして、地元を盛り上げるための活動も始めた。

みやぎ絆大使、東北楽天ゴールデンイーグルス応援大使、松島町観光親善大使など、地元を支援する観光大使としても数多くの肩書を持っている。

『M－1』優勝前の2007年には地元のコミュニティFM「fmいずみ」で冠番組『サンドウィッチマンのラジオやらせろ！』をスタートさせていた。

東北の限られた地域でしか聴けない超マイナー番組なのだが、彼らは優勝して忙しくなってからもこの番組を地道に毎週続けている。世話になった地元に少しでも恩返しをしたいという思いからだ。

震災復興のシンボルに

そんな彼らに、いや、日本中の人々に衝撃を与える大災害が起こった。

２０１１年3月11日、サンドウィッチマンの２人は自身の冠番組『サンドのぼんやり～ぬＴＶ』のロケで宮城県気仙沼市を訪れていた。

14時46分、撮影の休憩中に海沿いにいた彼らは突然、激しい揺れに襲われた。驚いている間もなく、津波が来るから避難した方がいいという情報が入り、スタッフ一同と共に近くにあった安波山《あんばさん》に登った。

そこで彼らは衝撃的な光景を目の当たりにした。ついさっきまでロケをしていた気仙沼の街一帯が火の海に包まれていたのだ。その後、巨大な津波が街を呑み込み、すべてを押し流していった。のちに「未曾有の大災害」と呼ばれた東日本大震災の始まりだった。

サンドウィッチマンの2人は故郷の危機に直面して、自分たちに何ができるかを真剣に考えた。そして地震発生からわずか5日後の3月16日に『東北魂義援金』というプロジェクトを立ち上げた。現在までに集められた募金額は4億円を超えるという。

その後も彼らは継続的にチャリティーライブなどの被災地支援活動を行ってきた。２０１３年からは東京のお客さんをバスで被災地に連れて行く「東北応援バスツアー」も開催している。

日本中が未曾有の災害で不安に包まれている中で、力強く復興支援活動を続けて、前向きなメッセージを発信し続けたサンドウィッチマンは多くの人々に勇気を与えた。

芸人が真正面からチャリティー活動に取り組むことにはリスクもある。「いい人」というイメージが強くなると、芸人として気軽に笑ってもらいにくくなる可能性があるからだ。もちろん本人たちにもその点で迷いはあった。だが、今回の地震では自分たちの地元が甚大な被害を受けていて、当事者として見過ごすわけにはいかないと感じていた。

和田アキ子、島田紳助など、芸能界の先輩からも励ましの言葉を受けて、彼らは本格的に復興支援活動に乗り出した。長年にわたるチャリティー活動が評価されて、彼らの「いい人」というイメージは世間にすっかり定着した。

いい人と思われても芸人としてマイナスにならなかったのは、彼らの根底にある「ネタの面白さ」が揺るぎないものだからだ。

『M－1』で一度は敗れて、敗者復活からの優勝を果たしたサンドウィッチマンは、震災からの「復興」のシンボルにふさわしい存在だった。彼らはいまや東北のヒーローであり、日本のヒーローでもある。

2010年
（平成22年）

スリムクラブ
『M−1』で
放射能ネタ

10章

ショートネタブームの時代

「10年目となります今年の『M－1』をもちまして、最後の大会とすることを決定いたしました」

2010年12月12日、『M－1グランプリ』のファイナリスト8組を発表する記者会見が行われた両国国技館で、株式会社よしもとクリエイティブ・エージェンシー代表取締役社長（当時）の水谷暢宏が、マスコミ各社を前に衝撃的な発表を行った。

突然の『M－1』終了宣言に場内がざわついた。以前から噂されていた「M－1終了説」が、ついに現実のものとなったのである。

取材でその場に居合わせていた私も、この発表には驚かされた。ただ、心のどこかに「やっぱりな」という思いもあった。

なぜなら、2010年に入ったあたりから、お笑いブームが終わるような雰囲気があったからだ。

2008年から2009年頃、お笑い界では「ショートネタブーム」が起こっていた。

1分から2分程度の短いネタを次々に見せていく「ショートネタ番組」が人気を博していたのである。

このブームの火付け役となったのは、2007年2月に始まった『爆笑レッドカーペット』（フジテレビ系）である。この番組はもともと、捏造問題で突然打ち切りを迎えた『発掘！あるある大事典Ⅱ』の穴埋め特番の1つとして始まった。

だが、意外にも視聴者の反響は大きく、特番としての放送を何度か重ねて、2008年4月にはついにレギュラー番組に昇格を果たした。

この番組では、舞台上に現れた芸人が短いネタを披露し終わると、ベルトコンベア式の装置に流されてあっという間に消えていく。

目の前を魅力的なネタが流れていくのが目に入るからこそ、もっと次が食べたくなる。まさに回転寿司と同じ原理で、芸人を次々と横に流していく。この演出はネタ番組としては斬新だった。

のちに、この番組から選抜された芸人による『THE THREE THEATER』『爆笑レッドシアター』というコント番組も始まった。

また、当時はこれら以外にも『爆笑オンエアバトル』『エンタの神様』『あらびき団』などネタ番組が数多くあり、若手芸人がテレビに出るチャンスがそこら中に転がっていた。

また、『とんねるずのみなさんのおかげでした』（フジテレビ系）では「細かすぎて伝わらないモノマネ選手権」という企画が行われていたし、フジテレビ以外の局が『爆笑レッドカーペット』を真似たようなショートネタ特番をしばしば行ったりもしていた。

このブームの中から毎週のように新しい芸人が出てきた。中でも、はんにゃ、フルーツポンチ、しずるなどの若手芸人はアイドル的な人気を博していた。

当時は『お笑いポポロ』『お笑いTV LIFE』『お笑いタイフーン』など、グラビア中心のアイドル系お笑い雑誌も数多くあり、お笑い界全体が活気づいていた。

『M－1』で勝利の方程式が確立する

しかし、ブームにはいつか終わりが来る。2010年に入った頃には、このブームにも陰りが見られた。3月には『エンタの神様』『爆笑オンエアバトル』が終了。8月にはブームの原点となった『爆笑レッドカーペット』もレギュラー放送を終了した。

2001年に始まった『M－1』の人気もこの頃には頭打ちの状態だった。ショートネタブームの影響で、『M－1』でもテンポが良くて笑いどころの多いネタがウケやすい雰囲気ができていた。

それが勝利の方程式として確立されつつあり、出場する芸人の多くが「『M－1』で勝つための漫才」の型を意識していた。

2007年優勝のサンドウィッチマン、2008年優勝のNON STYLE、2009年優勝のパンクブーブーはいずれも、その勝利の方程式に従ったネタを仕上げて優勝を果たしていた。

そういう時代の流れだったとはいえ、『M－1』で勝てる漫才の型がパターン化しているようなところはあった。

ショートネタブームが終わり、ネタ番組も次々に最終回を迎え、『M－1』も行き詰まりを見せていた。そんな2010年の年末に『M－1』が最後を迎えるというのは、それほど不思議なことではなかった。

2010年の『M－1』で注目されていたのは、9年連続の決勝進出を果たした笑い飯が、最後に優勝できるかどうか、ということだった。

笑い飯は2002年大会以来、毎年決勝に進み、二度の準優勝を果たしている。だが、惜しくも優勝には手が届いていない。そんな無冠の帝王がついに優勝できるのか。決勝が行われる前、誰もがその点に注目していた。

超スローテンポ漫才の衝撃

いざ決勝が始まると、そんな笑い飯の前にダークホースが現れた。沖縄出身のスリムクラブである。

決勝ファーストステージの3番手として出てきたスリムクラブの真栄田賢は、ネタの冒頭で「なかなか勘違いに気付かない人って困りますよね」と話題を振ると、すぐにコントに入った。

通行人役の内間政成に真栄田が突然声をかけた。

「すいません……間違ってたら……失礼ですけど……」

超スローペースで、言葉を少しずつ継ぎ足すようにしゃべっていた。

「あなた、以前……私と一緒に……生活してましたよね？」

客席から押し殺したような小さい笑い声が漏れた。謎の人物に話しかけられた内間は、たっぷり間を取ってからこう切り返した。

「……してません。人違いですよ」

ここで最初の大きな笑いが起こった。その後も、ゆっくりと繰り出されるボケとツッコミの一言一言が観客のツボに命中して、笑いの波が生まれた。

沈黙を恐れず、大きく間を取った漫才に観客が引き込まれた。

スリムクラブは『M－1』で勝つことに焦点を絞って、この異様なスローテンポ漫才を完成させていた。彼らは、前年の『M－1』でも準決勝まで進んでいたのだが、その頃にはもう少し速いテンポの漫才を演じていた。

自分たちの持ち味を生かす漫才スタイルを追い求めた結果、ひとつひとつのせりふを長い時間でじっくり聞かせるこのスタイルができあがったのだ。

ボケ担当の真栄田は、バッファロー吾郎が主催する大喜利イベント「ダイナマイト関西」でも活躍する大喜利の達人であり、一言で笑わせるボケフレーズの切れ味には絶対的な自信を持っていた。

そんな彼だからこそ、ボケをじっくりと聞かせて笑いを増幅させる、という戦略を編み出すことができたのだろう。

確かに、その斬新な漫才スタイルは、テンポのいい漫才が高く評価される傾向にあった近年の『M－1』の流れの中では、ひときわ輝いて見えた。

審査員も彼らの大胆で画期的な芸風を高く評価し、高得点を与えた。スリムクラブは暫定1位に躍り出た。

笑い飯と前年王者のパンクブーブーもこれに食らいつき、スリムクラブと共に最終決戦に駒を進めた。

スリムクラブは2本目の漫才でも強烈な印象を残した。ボケ役の真栄田が、面識のない人の葬式に紛れ込もうとする奇妙な人物を演じた。

1本目のネタで2人の芸風がすでに認知されたこともあって、場内は最初から爆笑の渦に包まれた。特に、以下のパートで盛り上がりは最高潮に達した。

内間「何とかならんかねー」

真栄田「……民主党ですか?」

内間「あんただよ!……この状況でね、民主党のこと考えるの、民主党にもいませんよ」

ボケとツッコミそれぞれのせりふで大きな笑いが起こっただけでなく、客席から自然と拍手が起こった。

笑い飯の2本目の漫才も出来は悪くなかった。どちらが勝ってもおかしくない状況だった。

最終的な勝敗は7人の審査員に託された。最後の『M－1』はそれぞれに甲乙つけがたい難しい審査になっていた。

審査員の1人である島田紳助が思わず、「同点やったらどうなるんですか？」と司会の今田耕司に質問を投げかけたほどだ。

それぞれの審査員が悩み抜いた末に、3組の中から1組の芸人を選んだ。結果は笑い飯4票、スリムクラブ3票。1票差の接戦を制して、笑い飯が10代目王者に輝いた。

「やっとやー！」

優勝が決まった瞬間、笑い飯の西田幸治は絶叫して、目に涙を浮かべた。笑い飯は9度目の決勝戦進出でようやく悲願を達成した。

ちなみにこの後、『M－1』は休止期間を経て、2015年に復活している。

二度と笑えない「放射能」ネタ

スリムクラブが『M－1』の1本目で演じた漫才は、恐らく同じ形ではもう二度と人前で披露されることはないだろう。なぜなら、その中で真栄田のせりふとしてこんな一節があったからだ。

「ほら、あなた、毎晩私に、お話ししてくれたでしょう……。この世で一番強いのは……『放射能』って」

2010年12月時点の日本では「放射能」は笑いが取れる単語だったのだ。だが、わずか3カ月後、我々日本人は「放射能」という言葉で笑えなくなってしまった。

なぜなら、2011年3月11日に東北地方太平洋沖地震が起こり、これに伴って福島第一原子力発電所で事故が発生し、深刻な被害が生じたからだ。この東日本大震災は、戦後の日本が直面した中でも最大規模の災害となった。

福島第一原発では津波の影響で炉心溶融（メルトダウン）が起こり、大量の放射性物質が放出された。半径20キロ圏内が「警戒区域」、20キロ以遠で放射線量の高い地域が「計画的避難区域」に設定され、10万人以上の住民が避難を余儀なくされた。

それだけではなく、目に見えない放射性物質の汚染という脅威は、首都圏を含む広い地域の人々の心を蝕んでいた。

東京の一部でも地震の影響で液状化現象が発生し、計画停電が実施された。地震直後にはコンビニやスーパーマーケットなどでも食料や日用品の買い占めが起こった。

テレビ局、新聞社など大半のマスコミが集中している東京でも被害が生じていた。それこそが、この災害が並外れて深刻なものとして受け止められた理由でもある。

また、この時期は、ツイッターなどのSNSが普及し始めた頃でもあった。人々は不安や動揺から感情的な内容の書き込みを続け、虚実不明のデマを含むさまざまな情報が飛び交い、ネット上でも混乱が続いていた。

テレビから「日常」が消えた日

この未曾有の大災害がお笑いブームの息の根を止めた。お笑い番組を含むバラエティ番組が一切放送できなくなったのである。

テレビ各局では地震発生直後に災害報道特別編成に切り替えられた。ＣＭは一切流されず、災害関連の報道番組だけが流されていた。

翌日以降は各局でＣＭ枠が復活していったが、大半のスポンサーが被災地に配慮してＣＭ放送の自粛を要請したため、その代わりに社団法人ＡＣジャパンの公共広告が流されることになった。

緊迫感のある災害報道番組の合間に、ＡＣジャパンの同じＣＭばかりが延々と繰り返される。それは、テレビが「いつもの日常」を失った異様な光景だった。

数日後には各局で通常編成に戻っていったのだが、自粛ムードは続いていた。お笑いライブもしばらくは中止されていた。

すでに半ば終わりかけていたお笑いブームは、このときに完全に終わったのである。テレビが通常放送に戻り、お笑いライブが再開されてからも、ブームは戻らなかった。

ちなみに、そんな時期に私は編集長として新しいお笑いムックを立ち上げていた。キネマ旬報社から刊行された『全方位型お笑いマガジン　コメ旬《じゅん》』である。

２０１１年４月に刊行された創刊号では「お笑い　これまでの10年これからの10年」と題して、お笑いブームを総括する特集を組んだ。

サンドウィッチマンの2人を取材した後で震災が起こったため、創刊号では広告ページに彼らが手がけていた「東北魂義援金」の告知を載せることにした。

震災の影響で創刊号を印刷する紙が足りないかもしれないという話もあったのだが、何とか無事に出版された。

お笑い界も出版界も景気がいい時代ではなく、お笑いムックを創刊するには最悪のタイミングだったのだが、個人的にはそんな逆境を楽しんでいるようなところもあった。

『コメ旬』は約4カ月に一度の不定期刊行で2012年11月発売の第5号まで続いた。

編集長として自分が好きなテーマに全力で打ち込むことができたのは貴重な経験だった。当時の版元と読者には感謝しかない。

スリムクラブが原発事故の3カ月前に「放射能」をネタにしたのは偶然だろう。ただ、スピード重視の時代にスローテンポの漫才で強烈な印象を残した彼らは、結果的にブームの終焉を象徴する存在になった。

お笑いブームが終わった後の2011年には、自粛ムードと放射能汚染の脅威が支配する暗黒時代が待ち受けていた。それからお笑い界が活気を取り戻すには長い時間がかかったのである。

2011年
（平成23年）

島田紳助、引退

11章

緊急会見で引退を発表

「どうも皆さん、こんな時間にお集まりいただきまして、島田紳助の最後の切腹の介錯をしていただきまして、本当にありがとうございました。えー、悔いはありません。多くの方に出会えて感謝の気持ちでいっぱいです。そして自分の認識の甘さ、この3日間、十分反省した結果、ぶれることなく引退します。どうもありがとうございました」

その男は目に涙を浮かべたまま頭を下げて、カメラのフラッシュを浴びていた。

2011年8月23日、約300人の報道陣が詰めかけた会見場で、島田紳助は30年以上続いた自らの芸人人生にピリオドを打った。ゴールデンタイムに多数のレギュラー番組を持つ司会者が引退を宣言するという異例の事態だった。

引退の決め手となったのは、紳助と暴力団関係者の間で親密な関係をうかがわせるメールを交わしていたことが明らかになったことだった。

所属事務所のよしもとクリエイティブ・エージェンシーはこのメールの存在を知り、会見の2日前の8月21日に東京本社に紳助を呼び出し、事情を聞くことにした。

証拠のメールを突きつけられると、紳助は少し沈黙した後、「引退します」と言い放った。

同年10月1日には、暴力団排除条例（暴排条例）が全都道府県で施行されることになっていた。

暴力団側の反社会的行為を規制する「暴力団員による不当な行為の防止等に関する法律（暴力団対策法）」とは違って、暴排条例は一般市民を対象に暴力団への協力や商取引を事実上禁止していた。

つまり、暴力団関係者との交際を繰り返すこと自体が反社会的行為と認定されるようになった。

昔から芸能界とヤクザの世界は深い結びつきがある。歌手や芸人がイベントを行う「興行」そのものがヤクザによって仕切られていたからだ。

だが、条例施行以降は、芸能界でも暴力団との関係は一切許されないことになった。警察は暴力団根絶のため、芸能界にも厳しい目を向けていた。紳助はそのスケープゴートになった、という側面もあると言われている。

会見の際、紳助の言葉の端々からにじみ出ていたのは、一時は芸能界で自分が天下を取っていたことがあったという猛烈な自負。そして、暴力団関係者とメールを交わしていただけで引退しなければいけない、ということに対する無念さだった。

紳助は「すべて正直に話します」と言っていたのだが、その後の週刊誌報道では、紳助の発言に数々の嘘があったことが明らかになっている。

紳助と暴力団関係者が一緒に写っている写真はないと明言していたのだが、実際には写真は存在していた。

また、紳助は暴力団関係者と「4〜5回会っただけ」と語っていたのだが、のちに週刊誌報道で明かされたメールの内容を見れば、もっと深い交際があったことは一目瞭然だった。

〈ありがとう　ございます！　感謝です　二郎さんと　会長に守られてると思うと　心強いです！　これからもずーとがんばります〉
〈会長シンパイです　どの世界でも上いくと　たたくやつおりますね！〉
〈こないだ会長の顔みてホッとしました！　縁あって知り合い　ほんまに心ある、関係にさしてもらいうれしいです、ほんまええ人ですよね　熱い熱い人ですから　二郎さんがいて全て　なりたってるんで感謝です！　これからも　よろしくお願いしますね〉

〈二十日五時半で　会長御一行様8名です　ぬかりなく接待しておきます〉
〈来週月曜　×××（イベント名）のチケット私に手に入ります！　入ったらすぐおくります〉
（『AERA』2011年9月12日号）

「二郎さん」とは、紳助がメールを交わしていた元プロボクサーで暴力団関係者の渡辺二郎。「会長」とは、六代目山口組幹部で極心連合会会長の橋本弘文のことだ。

紳助は彼らと深く交流し、自分の店で接待をして、ライブチケットの手配までしていた。暴力団関係者とここまで付き合いのあることが明らかになっていれば、いずれにせよ引退は免れなかっただろう。

「勝てない戦はしない」紳助のリアリズム

島田紳助はデビュー当時に、吉本興業で2人の同期芸人と運命的な出会いを果たした。明石家さんまとオール巨人である。

さんまには天性の明るさがあった。彼はいつも陽気で、しゃべりで周囲を盛り上げる快活さに満ちている。

一方、巨人には、圧倒的な漫才の技術があった。のちにトップクラスの漫才師となるオール阪神・巨人の漫才の型は、若手の頃にすでに完成されていたのである。

そんな彼らの恐るべき才能を目の当たりにして、若き日の紳助は「こいつらには勝てない」と気付いた。

同じ土俵で勝負したら、彼らと比べられてしまう。そうなった場合には自分には絶対に勝ち目がない。

だから、明るさでもなく、正統派漫才の技術でもない、自分にしかない何かを見つけて、それを伸ばしていくしかない、と彼は考えた。

そこで紳助が自分のキャラとして選んだのは「ヒール（悪役）」だった。不良少年だった紳助は、悪者を気取る芸風こそが自分にはふさわしいと考えたのだ。

島田紳助・松本竜介というコンビで漫才を披露するときには、髪形をリーゼントにして、衣装はツナギの作業着を着用。不良少年たちの日常会話に近い雰囲気の「ツッパリ漫才」というスタイルを新たに開発した。

これこそが、他の誰にも真似できない彼独自のスタイルだった。

1980年に「漫才ブーム」が訪れると、紳助・竜介はその波に乗り、一気にスターダムを駆け上がっていった。

ブームが約2年で沈静化すると、紳助はリーゼントの髪を切り、ツッパリ漫才師からの脱却を図った。

その数年後、紳助は劇場でもうひとつの運命的な出会いを果たした。彼がそこで見たのはデビュー直後のダウンタウンの漫才だった。

漫才ブーム全盛の当時、ほとんどの若手芸人たちは、早口でテンポのいい漫才を作ろうとしていた。

誰もがB&B、ツービート、ザ・ぼんちといった人気芸人たちに憧れて、そのスタイルを真似ることに必死になっていたのだ。

だが、ダウンタウンは違っていた。彼らの漫才は、かなりゆったりとしたテンポで、松本人志はぼそっとつぶやくようにボケを発するだけだった。

だが、そこに含まれている笑いは、紛れもなく松本独自の卓越したセンスから生まれたもので、並の芸人に真似のできるものではなかった。

「これと比べられたら、負ける」

紳助は焦りを感じた。そして、しばらく活動を続けた後、コンビ解散を決意したのである。これもまた「勝てない戦はしない」という彼の戦略によるものだった。

プロデューサーとしての才能が開花

漫才ブームの後、『オレたちひょうきん族』がヒットして、ビートたけしと明石家さんまは国民的なスターになっていた。紳助はこの番組で彼らに次ぐ三番手のポジションについていた。

そして、彼らとの差別化を図るため、お笑い番組に限らずどんな番組でもこなせる「百貨店」的な司会者になることを目指した。

そんな彼の挑戦の1つが、1989年に始まった政治討論番組『サンデープロジェクト』(テレビ朝日系)で司会を務めたことだ。

紳助はもともと不良で勉強も大の苦手だった。この番組が始まった当初、政治や経済の知識は全くなかった。ただ、そんな自分だからこそ、何も知らない人として専門家に説明を求めたりする役割ができると考えた。

紳助はこの番組を2004年3月まで続けた。降板を申し出たのにも理由があった。2004年4月から同じテレビ朝日で『報道ステーション』が始まり、古舘伊知郎が司会を務めることが発表されていたからだ。

紳助は、久米宏司会の『ニュースステーション』が終わった後、司会のオファーが来るような存在であることを目指していた。

だが、それは叶わなかった。このまま『サンデープロジェクト』を続けていても古舘には勝てない。紳助は潔く自分の力不足を認めて、この分野から撤退することにした。

この頃には、ゴールデンタイムに複数の番組で司会者を務めるようになっていた。

彼のキャリアのピークは2008年頃だろう。『開運！なんでも鑑定団』『行列のできる法律相談所』『クイズ！ヘキサゴンII』『人生が変わる1分間の深イイ話』などの番組で司会を務め、視聴率は20％を突破するものもあった。

『行列』では「史上最強の弁護士軍団」と呼ばれる弁護士たちに話を振り、その人間的な魅力を引き出していった。ここで活躍していた丸山和也は参議院議員になり、橋下徹は大阪府知事・大阪市長にまで上り詰めた。

『ヘキサゴンII』では、常識的なクイズ問題すら解けない若手タレントを「おバカタレント」としてキャラ付けしていった。

彼らのおバカっぷりが世間に十分浸透したところで、そのメンバーの中から「羞恥心」というユニットを作って歌を歌わせた。おバカな彼らの格好良さを全面に出すことで、世間に驚きを与えた。

羞恥心の出したCDは40万枚を超える大ヒットとなり、彼らは『NHK紅白歌合戦』にも出場した。

これ以外にも番組内で多数のユニットが結成され、コンサートなどの音楽活動が行われた。『ヘキサゴンII』は単なるクイズ番組の枠を超えた一大プロジェクトに成長していた。

2001年に始まった漫才日本一を決める『M－1グランプリ』も彼の発案によるものだ。紳助自身は漫才を売れるための手段として利用してきたという負い目があり、漫才への恩返しのためにこの大会を立ち上げた。

『M－1』が多くの視聴者に笑いと感動をもたらすイベントとなったのも、紳助のプロデュースによるものだった。

度重なるトラブルが影を落とす

司会者兼プロデューサーとしての華々しい活躍の一方で、紳助には暴力的で気難しいダークなイメージもつきまとっていた。

実際に表沙汰になったトラブルも何度かあった。

２００４年、紳助は大阪の朝日放送の楽屋で吉本興業の女性マネージャーに暴行を加えた。紳助自身は「髪の毛をつかんで3回ほど揺すって平手で頭を1回殴った」と語っていた。

だが、これは被害女性が大阪府警に提出した告訴状の内容とは食い違っていた。

それによると、紳助は女性を楽屋に引きずり込んで内側から鍵をかけて監禁状態にした。その上で、女性が取り出した名刺をクシャクシャにして投げつけ、頭部をげんこつで4～5発殴打。

さらに髪の毛をつかんで壁に打ち付け、女性のリュックとバッグを奪って投げ捨てた上に踏みつけた。そのリュックで女性の左頭部を殴り、顔面につばを吐きかけた。

紳助は傷害罪の疑いで書類送検され、罰金30万円の略式命令が下された。約2カ月にわたって芸能活動を自粛した後、2005年1月に復帰した。

また、紳助が司会を務めていた2009年10月3日放送の『オールスター感謝祭』でもトラブルがあった。

カナダのショー集団「シルク・ドゥ・ソレイユ」がアクロバットを披露していたとき、スタジオ全体を映したカメラが衝撃的な場面を捉えていた。

紳助がトリオ芸人の東京03のもとに歩み寄り、胸ぐらをつかんで怒鳴り声をあげていたのだ。今にも殴りかかりそうな紳助をスタッフが囲み、必死で制止していた。

生放送中にカメラの映っているところで司会者が激怒して大暴れするというのは異様な光景だった。その場にいた200人の芸能人は、本番中に一言もこれに触れることはなかった。

これらの事件の影響もあって、紳助の番組自体は人気があったものの、紳助自身のタレントとしての好感度は高くはなかった。

引退発表直前の2011年には、『日経エンタテインメント!』の「嫌いな芸人ランキング」で9年連続首位だった江頭2：50を抑えて、紳助が1位になった。

2011年7月には『FNSの日26時間テレビ』（フジテレビ系）で総合司会を務めて、実績ではタモリ・たけし・さんまの「お笑いビッグ3」に並んだ。このときに紳助は「行けるところまで行った」と達成感を感じていたのかもしれない。

暴力団関係者とのメールのやり取りが明るみに出ると、あっさり引退を決意した。

引退後に見つけた境地

紳助は以前から「自分はさんまや松本（人志）とは違う」と話していた。彼らは心の底から笑いが好きで、ずっと笑いのことを考えて生きていく人間である。

だが、自分はそうではない。興味の対象も多く、人生をトータルで考えている。引退を本気で考えたことも一度や二度ではなかった。

紳助はこれまでにも映画を撮ったり、バンドを組んだり、オートバイレースに参加したり、飲食店を経営したり、不動産を買ったり、興味の赴くままに行動してきた。

だからこそ、テレビ界や芸能界に未練を持つことがなく、最後は自分から幕を引くことができたのだろう。

紳助が引退したのは55歳。彼が心の師と仰いでいる上岡龍太郎が引退を決めたのとほぼ同じ年齢だった。

紳助にとって、同期のさんまはライバルであり親友だった。引退に際しても、直接会ったり言葉を交わしたりしたわけではなかったが、心は通じ合っていると思っていた。

実際にさんまも紳助のことをずっと気にかけていた。さんまがホストを務めるトーク番組『さんまのまんま』(フジテレビ系)は2016年にレギュラー放送を終了した。のちにさんまが明かしたところによれば、本来ならこれよりも2年早く終わる予定だったのだという。

だが、さんまがそれを引き止めた。なぜなら、さんまは紳助が復帰するならこの番組しかない、と思っていたからだ。紳助が復帰したときに出てこられるように、番組を続けることにした。

しばらく経って、紳助は決して戻ってこないということが分かってきた。そこで番組の終了を正式に決めたのだ。

引退後、紳助は何度か週刊誌の取材を受けていた。リタイア後の彼は肩の荷が下りたように穏やかな表情を浮かべていたという。

紳助は長年、芸能人として走り続けてきて、普通の人の感覚を知らなかった。例えば、引退後に感動したのが「割り勘のフェアさ」だった。

割り勘という約束で仲間たちとの飲み会を催したところ、自分よりも若い人が「明日早いんで」と先に帰っていった。

芸能界では後輩が先輩より先に帰るというのはありえないことだった。だが、割り勘で自分の勘定を自分で支払っている以上、いつ帰るかも自由だったのだ。

　同時に気づきました。芸能界におった頃は、飲んでても、みな笑てるから楽しんでるんやと思い込んでましたけど、僕が払うから帰れんかったんやろな、と。なかには眠いなあ、帰りたいなあと思ってた奴もおったんでしょうね。

（『週刊文春』２０１７年11月2日号）

現在の紳助は、年齢や社会的な地位と関係なく、仲間とつるんで酒を飲み、遊び回り、自由を謳歌している。「テレビの帝王」が現役時代には決してたどり着けなかった世界がそこにはあった。

紳助が引退した頃から、テレビ界やお笑い界でもやたらと「コンプライアンス」という言葉が飛び交うようになった。

芸能界とは貧しい人や社会不適合者が迷い込んで一発逆転を狙える場所だったはずなのに、そこでも一般社会並みの倫理が求められるようになっていた。

紳助が引退したことで、テレビの世界から怪しい大人が姿を消してしまった。「平成最後の怪物」は、平成が終わるのを待たずにテレビの世界を去っていった。

2014年
（平成26年）

タモリ
『笑っていいとも!』
終了

突然の終了発表

「俺、聞いたんやけど、『いいとも』終わるってホンマ?」

2013年10月22日放送の『笑っていいとも!』(フジテレビ系)で、突然乱入してきた笑福亭鶴瓶が妙なことを言い出した。

さらに妙だったのは、これに対してタモリが平然とこう答えたことだ。

「来年の3月で、あの、『いいとも』は終わりますよ」

『いいとも』の終了が公に告げられた歴史的瞬間だった。あまりに唐突な発表だったため、ほかの出演者も観客もどう反応すればいいのか分からないようで、あからさまに戸惑っていた。

タモリの口ぶりは事の重大さに似つかわしくないほど普段通り淡々としていた。それが混乱に拍車をかけていた。

そのとき現場にもいた中居正広が自身のラジオ番組でのちに明かしたところによると、出演者の中で『いいとも』終了を知っていたのはタモリ、鶴瓶、中居の3人だけだったのだという。

『いいとも』が終わるのではないかという噂話は少し前から飛び交っていた。タモリは「マスコミに知られて報道されてしまうよりは、自分たちで先に言ってしまった方がいいだろう」と思い、鶴瓶を飛び入りさせて発表を行うことにしたのだ。

タモリがこの場で終了を発表することは、スタッフの中でもごく一部の上層部にしか知らされていなかった、という説もあった。

番組スタッフの間では、タモリが突発的な行動に出るとしたら、そのタイミングは長年の付き合いのある鶴瓶がレギュラー出演する木曜日だろうと思われていた。

鶴瓶がレギュラー出演していない火曜日に乱入してくることまでは誰も想定できていなかった。

『いいとも』の長い歴史の中では、生放送ならではのハプニングがたびたび起こっていたが、最後にして最大のサプライズはＭＣであるタモリ自身が仕掛けた形となった。

タモリとスタッフの確執

週刊誌報道によると、これ以前からタモリと『いいとも』のスタッフの間では不協和音が鳴り響いていたのだという。

終了が発表される少し前から、視聴率が下降線をたどっていて、裏番組の『ヒルナンデス！』『ひるおび！』に負けることが多くなっていた。

そこで、2013年4月から総合演出として新しいスタッフが加わり、テコ入れをすることになった。彼は40歳以上の主婦層をターゲットにして巻き返しを図ろうとしていた。

だが、タモリはこれに反対した。目先の視聴率を意識しすぎると本来の視聴者を失うことになってしまう、と主張したのだ。

だが、総合演出はタモリの意見に耳を貸さなかった。オネエ系のイケメンを紹介する「オネメンコンテスト」など主婦層向けのコーナーが始まった。

タモリはこれに納得せず、このコーナーのときには舞台から姿を消し、ボイコットをするようになった。MCであるタモリが番組の一部に出ないというのはそれまではありえないことだった。

その後、タモリはしばしば番組中にいなくなることがあったのだが、これに関して番組内では何の説明もなかったため、視聴者の間でもさまざまな憶測が飛び交うようになっていた。

そんな状況の中で、タモリが自ら降板を申し出た。フジテレビ側は必死で引き止めたが、タモリの意志は固かった。最後は自分なりのやり方で番組の幕引きを図った。

『いいとも』が終わるというニュースが出たとき、世間では「ショックを受けた」とか「終わってほしくない」という反応が多かった。

個人的にはそれが意外だった。『いいとも』を普段から熱心に見ている視聴者は、その時点ではそれほど多くはなかったはずだからだ。

特に、平日の昼間に学校や会社に行っている学生や社会人の大半は『いいとも』を見る習慣がないはずである。

多くの人が見ていなかったからこそ、低視聴率が原因で番組が終わってしまうのである。終わることが判明してからそれを嘆き出すのは不可解である。

ただ、それは、『いいとも』がそれだけ多くの人にとって特別な番組だったということなのだろう。たとえ普段から見ていないとしても、ずっと当たり前のようにそこにあるのが『いいとも』だったのだ。

ここまで続くとは思っていなかった

『森田一義アワー 笑っていいとも！』は1982年に始まった。1980年にフジテレビの漫才番組『THE MANZAI』が大ヒットして、空前の「漫才ブーム」が起こった。プロデューサーの横澤彪《よこざわたけし》はそこで活躍した若手漫才師たちを起用して昼の帯番組『笑ってる場合ですよ！』を立ち上げた。

だが、東大出身のインテリだった横澤は、漫才師たちが楽屋で金と女の話しかしないことに失望を感じていた。

次の番組では全く毛色の違う知的な要素のあるタレントに番組を任せたい、と考えた。そこで白羽の矢が立ったのがタモリだった。

タモリは早稲田大学のモダン・ジャズ研究会の出身で、インチキ外国語や文化人の形態模写などの知性を感じさせる芸で人気だった。

タモリは、『笑ってる場合ですよ！』の枠で帯番組の出演依頼を受けて、戸惑いを感じた。平日の昼に毎日生放送の仕事が入れば、ほかの仕事やプライベートにも制限が出てきてしまう。

当時の彼は得体の知れない不気味なイメージの密室芸人として知られていた。タモリは、そんな自分が主婦層の視聴者の多い昼の時間帯に馴染むとは思えなかった。どうせすぐに終わるだろうと思い、軽い気持ちで引き受けた。

ところが、そんな彼の意に反して『笑っていいとも！』は人気番組となった。前回のゲストに紹介されたゲストがタモリとトークをする名物コーナー「テレフォンショッキング」は第1回から行われていた。

番組内で次のゲスト候補に電話をかけて、その場で出演依頼をしてしまうという演出も斬新だった。

「世界に広げよう友達の輪」「いいとも！」をはじめとして、この番組からは多くの流行語が生まれた。

密室芸を得意とするアングラ芸人のイメージがあったタモリは、この番組で完全に生まれ変わった。もともとはすでに型が決まっているバラエティ番組などに異物として割って入って暴れるのがタモリの流儀だったのだが、いざ自分が中心に置かれると、場を仕切る強引さはまったくなかった。

むしろ、自分を出すよりも相手の良さを引き出すことに専念していた。共演する相手の面白さを引き出すということにかけて、タモリほどの逸材はいなかった。『いいとも』という日の当たる場所に引っ張り出されたことで、彼の新しい一面が出てきた。こうして『いいとも』はフジテレビを代表する看板番組に成長した。

90年代に入ると、タモリのイメージにもさらに変化が見られた。共演する下の世代のタレントに「尊敬の対象」として評価され始めたのだ。

その象徴が「タモさん」という呼び名である。中居正広やナインティナインの岡村隆史がタモリのことを「タモさん」と親しみを込めて呼び始めた。この時期に、タモリは下の世代からやたらと持ち上げられるようになった。

いつも淡々としているタモリは、刺激を求める若いお笑いファンなどには退屈だと思われがちだったのだが、「実はそこがすごいんだよ」というふうに深読みされるようになった。

そうやって、若い世代の共演者がタモリの偉大さを口々に話すようになり、タモリの権威が高まった。これが『いいとも』の人気を長く保つことにもつながっていた。

「森田一義アワー」という番組名の副題にもある通り、『いいとも』はタモリあっての番組だった。そんな彼がスタッフと対立して放送中に姿を消したとき、すでに『いいとも』は終わりに向かっていたのである。

豪華なゲストが続々登場

終了発表から実際に終わるまでの半年間は、『いいとも』という歴史的な番組のウィニングランとでも言うべき期間だった。

この前後の時期にちょうど空前の「タモリ本ブーム」が起こっていた。2013年に出版された『タモリ論』がベストセラーになり、タモリに関する評論本やムックが相次いで刊行されたのだ。

『いいとも』の終了にあたって、改めてタモリという謎めいた芸人の実像を知りたいという世間のニーズが高まっていた。

『いいとも』自体は、最後の半年間もほぼ通常通りの内容ではあったが、「テレフォンショッキング」のゲストとして、普段は出ないような豪華な顔ぶれが見られたりした。

マツコ・デラックス、萩本欽一、ナインティナイン、所ジョージ、安倍晋三、木村拓哉、黒柳徹子などがこの時期に出演していた。中でも、現役の内閣総理大臣である安倍の出演は大きな話題になった。

2014年1月14日放送の第8000回という記念の回では「テレフォンショッキング」のゲストとしてとんねるずが登場。彼らはタモリに「俺たちをレギュラーにしてください」と直談判した。

そのままレギュラーの座を勝ち取り、この後にもたびたび出演するようになった。その後の回では、ナインティナインの岡村隆史も同じようにレギュラー入りを果たした。

3月31日の最終回のゲストは、タモリと並ぶ「お笑いビッグ3」の1人であるビートたけしだった。たけしは、もともと「いいとも青年隊」として『いいとも』に出ていた羽賀研二が詐欺事件で逮捕されたことなどを盛り込んだ毒舌ネタ満載の表彰状を読み上げて、『いいとも』の最後を祝った。

そして、最終回の昼の生放送は何事もなく終わった。タモリも普段通り淡々と番組を締めくくっていた。

というのも、この日の夜に放送された特番『笑っていいとも!グランドフィナーレ感謝の超特大号』こそが、実質的な最終回だったからだ。

とんねるずとダウンタウンが奇跡の共演

『グランドフィナーレ』の冒頭では、タモリが長年ファンだと公言していた吉永小百合が、中継で初めて『いいとも』に登場。いつも冷静なタモリが珍しく本気で照れている姿が新鮮だった。

番組の中盤では、お笑い界のレジェンド芸人が次々に出てきて、順番にタモリとトークをすることになっていた。

ところが、1組目に登場した明石家さんまが延々としゃべりまくり、次のゲストが出てくるタイミングがなかった。

そこで、出番を待っていたダウンタウンが、ウッチャンナンチャンを引き連れて飛び入りしてきたのである。

ダウンタウンの松本人志は「我々もほら、とんねるずが来たらネットが荒れるから」と言っていた。昔からダウンタウンととんねるずは不仲であるとか共演NGだと噂されていためため、それを自らネタにしたのである。

ここで誰もが予期していなかった事態が起きた。ダウンタウン、ウッチャンナンチャンに続いて、とんねるずが乱入してきたのだ。石橋貴明は開口一番「なげーよ！」と噛みついた。

さらに、爆笑問題、ナインティナインもそこに加わり、タモリ、さんま、ダウンタウン、ウッチャンナンチャン、とんねるず、爆笑問題、ナインティナインの7組が同時に出ているというテレビ史上初の光景が展開されることになった。

のちに芸人たちがラジオ番組で明かしたところによると、松本が「とんねるずが来たらネットが荒れる」と発言した瞬間、楽屋のテレビでそれを見ていた石橋が乱入を決意して、マネージャーに「(木梨)憲武に行くぞって言え」と声をかけた。

連絡を受けた木梨も「行く」と即答した。石橋は着替えて準備を終えると、爆笑問題、ナインティナインにも声をかけて、一緒に乱入することにした。

この経緯を振り返ると、松本と石橋が一流芸人ならではのあうんの呼吸で無言のやり取りをしていたことが分かる。

松本は「ネットが荒れる」発言でとんねるずを誘い込んだ。そして、石橋がいち早くそれに勘付いて、誘いに応じることにしたのだ。

先輩であるとんねるずが出ていくと言えば、爆笑問題とナインティナインはそれに従うしかない。この2組もそれぞれにダウンタウンとは遺恨があると噂されていたのだが、そんなことに構っていられる状況ではなかった。

こうしてテレビ史上初の、そして恐らく最後の超豪華共演が実現したのである。

この共演劇が感動的なのは、松本と石橋のやり取りがほとんどの視聴者に気付かれることなく暗黙のうちに行われていた、ということ。そして、お互いが利害や対立を超えて「番組を盛り上げる」という目的のために動いたということだ。

このような奇跡的な共演が実現した裏にあるのは、タモリという人間の人徳だろう。タモリという媒介がなければ、彼らが共演することは決してなかったはずだ。

この瞬間、タモリがお笑い界を1つにつなげたのである。

中居正広が語ったバラエティ論

『グランドフィナーレ』の後半では、歴代のレギュラー陣がタモリに感謝のスピーチをするというコーナーが設けられていた。思わず泣き出す人もいたし、ここぞとばかりに熱い思いをぶつける人もいた。

中でも、中居正広のスピーチは印象的だった。

「やっぱりバラエティって非常に残酷なものだなとも思います。…（中略）…バラエティの終わりは寂しいですね。ほかのジャンルは評判が良かろうが悪かろうが終わりがあるんですけど、バラエティってゴールないところで終わらなければならないので、こんなに残酷なことがあるのかなと思います」

ライブは最終日で終わる。ドラマや映画の撮影にも終わりがある。

だが、バラエティ番組は終わりが決まっていないものだ。終わらないことだけを目指して進んでいるのに、いつか終わってしまう。中居はそんなバラエティ番組のあり方を「残酷」という言葉で見事に表現してみせた。

実際、伝説的な番組だった『いいとも』でさえ、終わり方は決して美しくはなかった。タモリとスタッフの間の軋轢《あつれき》、タモリのボイコット、サプライズの終了発表など、何かとゴタゴタしながら最終回を迎えることになったのだ。

ただ、そんなトラブルがあっても、最後の最後となる『グランドフィナーレ』はこの上なく華やかな雰囲気だった。タモリという人と人をつなぐ存在が中心にいるおかげで、共演するはずのない人たちが共演して、歴史的な瞬間を生み出した。

当時、私は『グランドフィナーレ』を見ていて、一視聴者としてこの上なく興奮も感動もしたのだが、心の片隅でふと「あっ、これはテレビ自体の最終回なんだな」と気付いてしまった。

もちろん、報道機関としてのテレビ、気晴らしとしてのテレビは今後も存在し続けるに違いないのだが、ここで言う「テレビ」とはそういう意味ではない。

数千万人規模の大衆がそれだけを求め、心を奪われ、酔いしれる。そういう意味での「テレビ」はこれで最後なんだな、というふうに感じられたのだ。

華やかでにぎやかな「祝祭」としてのテレビ、「楽しくなければテレビじゃない」のテレビは、あのときに大団円を迎えたのだと思う。

自由になったタモリ

『いいとも』はフジテレビの、そしてテレビバラエティの精神的支柱のような存在だった。

その後、フジテレビでは『SMAP×SMAP』『ごきげんよう』『とんねるずのみなさんのおかげでした』『めちゃ×2イケてるッ!』など、歴史を彩った長寿バラエティ番組が次々に終了していった。

低視聴率にあえいでいたフジテレビは、予算がかかる割に数字が伸びない古い番組を軒並み打ち切って、大改革をすることを余儀なくされたのだ。その最初の一歩が『いいとも』の終了だった。

『いいとも』の後番組の『バイキング』は、当初は情報バラエティ路線だったのだが、視聴率が伸び悩んだため、曜日ごとにMCが変わるシステムをやめて全曜日を坂上忍MCに切り替えて、芸能ニュースなどについて語り合うワイドショー的な番組になっている。

一方、タモリというタレントにとっても『いいとも』終了は重大なことだった。『いいとも』が終わることでいよいよタモリのタレント生命にも限界が見えてくるのではないか、という説もあった。

何しろ終了時点でタモリは68歳という高齢である。メインの仕事だった『いいとも』を失ってしまえば、そこからさらにタレントとして飛躍するのは難しいのではないかと思われていた。

しかし、いざ蓋を開けてみれば、それは杞憂に過ぎなかった。『いいとも』が終わった後、タモリは今まで以上にのびのびと好きなことに打ち込む活動を始めた。

長期休暇を生かしてプライベートでも妻と豪華客船クルージングに出かけていることなどが報じられた。

また、過去に何度かレギュラー放送されていた『ブラタモリ』は２０１５年から毎週放送されるようになり、どの回も高視聴率を記録している。

むしろ『いいとも』という枷《かせ》が外れたことで、タモリ自身はますます活発で自由になっているようにも見える。32年続いた『いいとも』でさえも、タモリという巨人を彩るほんの1ピースに過ぎないのである。

2015年

（平成27年）

又吉直樹、芥川賞受賞

芸人初の芥川賞受賞

「すごくびっくりしたんですけど、とにかく嬉しいです」

2015年7月16日、猫背で長髪の男が、似つかわしくない派手な金屏風の前でカメラのフラッシュを浴びていた。史上初めて、芸人でありながら芥川賞作家となったピースの又吉直樹である。

芸能人が小説を書くのは珍しいことではない。昔から多くの芸能人が小説執筆に挑んできた。中には、黒柳徹子が書いた『窓ぎわのトットちゃん』のように大ベストセラーになった話題作もある。

2006年頃には芸人の書いた小説がちょっとしたブームになった。その火付け役になったのは劇団ひとりの『陰日向に咲く』である。

これが売れたことで、品川ヒロシの『ドロップ』(2006年刊行)、田村裕の『ホームレス中学生』(2007年刊行)など、立て続けに芸人本のベストセラーが飛び出した。

ただ、これらの本はいずれもジャンルとしては「タレント本」と認識されているようなところがあった。文壇や文学界といったところから見ると「タレントが書いた本だから売れているだけだ」という評価を免れなかった。

もちろん、小説家や文芸評論家の中にも、これらの作品に対して一定の評価を与える人もいた。ただ、文学界全体がそれらの作品をいわゆる「文学作品」として捉えて評価するようなことはなかった。

そんなタレント小説の長い歴史の中で、又吉がついに壁を破った。

彼は２０１０年頃からテレビに頻繁に出るようになり、「読書好き芸人」として有名になった。

一時期はさまざまな雑誌やムックの読書特集、書店特集などで必ずと言っていいほど顔を出していた。表紙を飾ることも珍しくなかった。右肩下がりの文学界や出版界にとっては救世主のような存在だった。

そんな又吉が文芸誌『文學界』２０１５年2月号で初の中編小説『火花』を発表した。これが大反響を巻き起こし、掲載誌の『文學界』はすさまじい売上を記録。文芸誌としては異例の増刷が決定して、最終的には創刊以来最高の部数を記録することになった。

２０１５年3月11日には単行本として『火花』（文藝春秋）が出版された。本格派の純文学作品として話題になり、発売から1週間足らずで大増刷が決まり、瞬く間に30万部を超える大ヒットになった。

そして、同年7月にはついに第153回芥川龍之介賞を受賞した。世間でも認知度の高い賞を受賞したことで、又吉は作家として広く知られるようになった。書籍は200万部を超える売上を記録した。

芥川賞を受賞したということは、いわゆる「文壇」に又吉の書くものがそれなりのものだと認められた証である。

又吉は、小説の中でも特に純文学と呼ばれるような作品を読むのが好きだったため、自分が小説を書くときにも自然にそういうものができた。

純文学とは、娯楽性よりも芸術性を重視する文学のことだ。小説の中でも地味な分野である。ただ、又吉はあくまでもそこにこだわった。

物語ならばこれで「めでたしめでたし」となるところだが、受賞後にも作家・又吉直樹の人生は続いていた。彼自身は賞を取りたくて小説を書いていたわけではない。

だが、世間では芥川賞のことばかりが取り沙汰される。そこには複雑な思いもあった。

又吉が受賞後に何を思っていたのか。そして、そこからどこへ向かおうとしているのか。

『トロッコ』で文学に目覚める

又吉が文学というものに目覚めたきっかけは、中学2年のときに読んだ芥川龍之介の『トロッコ』だった。

読んでみて衝撃を受けた。自分の中で何となく感じていたけれどうまく把握できていなかった感覚が、言葉として見事に言い表されていたからだ。

トロッコの主人公の子供は、作業場のトロッコに乗って知らない遠い場所まで来てしまった。日が暮れて心細くなり、何とか家にたどり着いて泣いてしまった。

又吉自身も近所を歩いていて迷子になり、不安に思いながら帰宅したことがあった。親は何事もなかったかのように過ごしているが、自分だけはとんでもない経験をしたと感じている。

そんな、自分が誰にも話していなかったような感情が、小説の中で見事に語られていたことに驚いた。

自分が上手く言えなかった気持ちが明確に言葉になっていること自体に衝撃を受けたし、

それを読んだことで、自分だけが暗いのか、自分だけが特別なのか、自分だけが変なのか、などという思春期特有のモヤモヤした思いが一掃される感じがした。

その後、学校で使っていた「国語便覧」を頼りにして、芥川龍之介の他の代表作も読むことにした。それから、太宰治、尾崎紅葉、夏目漱石、谷崎潤一郎、三島由紀夫といった文豪たちの作品を次々に読破していった。

本が大好きな又吉は、これまでに2千冊以上の本を読んでいる。読書していて本当に没頭しているときには、活字が大きく見えてきて、その本に潜っているような感覚になる。

また、そういう場合には、読書を一時中断するときにしおりを挟んでいなくても、感覚だけでパッともともと読んでいたページを開くことができる。

さらには、本が好きすぎるあまり、本を腹に入れたいという衝動に駆られ、太宰治の文庫本を破ってその紙を食べたこともあった。又吉の読書好きは、単なる趣味のレベルを超えた次元のものだ。

そんな又吉が好きな作家は、太宰治、芥川龍之介、古井由吉、中村文則といった人たち。

中でも、格別に夢中になったのが太宰治だった。

太宰治と又吉の不思議な縁

又吉は太宰の作品をむさぼるように読みあさっている。特に『人間失格』はこれまでに10回以上は読み返している。

『人間失格』を読んで、「これ、自分のことが書いてある！」と思った人は日本中に大勢いるに違いない。太宰には、自意識過剰で繊細な人間の心を揺り動かし、自分のことのように感じさせる力がある。又吉もその1人だった。

又吉は太宰の作品に魅了され、その内容や生き方だけでなく、文章そのものもお手本にするようになった。

太宰の書くものが又吉の書くべき文章の基準になっている。太宰の文章が又吉にとっては一番「普通」である。上手くて、無駄がなくて、面白くて、きれいで、読みやすくて、かっこつけていない。

他の作家の作品を読んだ後に自分で文章を書くときは、その作家の影響を受けすぎないように、いったん太宰を読んで中和するようにしているほどだ。又吉にとって、太宰の文章は一番フラットな「水」のような存在なのだ。

太宰が好きだと公言すると、文学に詳しい人からなめられることが多いという。確かに、太宰は押しも押されもしない超メジャー作家であり、数々の女性と浮き名を流し、酒と薬に溺れ、最期は心中した典型的な無頼派の作家という分かりやすいイメージがある。

たくさん本を読んでいると言っておきながら、そんな一般的に人気があるような作家を好きだと言うなんて、文学のことを深く知らないのではないか、というわけだ。

ただ、こういうふうに批判されても、又吉はびくともしない。自分が太宰を好きな理由は、そういった表層的な部分ではなく、その先にあるからだ。文章力や発想自体が自分の感性に合っていて好きだと感じているのだから、そこに迷いはない。

実際、太宰の作品には一般的なイメージとは異なる部分も多い。単純に笑えるものもあれば、リズムが良くて美しい文章もある。ただうじうじと悩んでいることを書き連ねるだけが太宰の本質ではないのだ。

又吉は、そのようにさまざまな切り口から太宰を見て、その全てに愛着を持っている。だから、自信を持って他人にも薦めている。

さらに言えば、太宰の作品は内向的で繊細な性格の人だけに向けられているものではない。そうではない人も「こんな人がいるのか」と思って、興味を持って読むことができる。太宰は、「共感」でも「驚き」でも読めるから読者層が広く、長年にわたって愛されている。又吉はそう考えている。

太宰ファンが高じて、太宰治生誕百周年の２００９年には、作家のせきしろの勧めで『太宰ナイト』というイベントまで行っている。

当時の又吉はまだ十分な人気があったわけではなく、単独でイベントを行うことは難しい状況だったのだが、せきしろが背中を押してくれた。イベントはその後、毎年行われるようになった。

又吉と太宰には不思議な縁がある。上京して又吉が最初に住んだ三鷹のアパートは、太宰治がかつて住んでいた場所と全く同じ住所だった。住んでから調べてみて初めてそのことに気付いた。

また、近所を散歩してたまたま見つけた墓にお参りをしたら、あとからそこが太宰治の墓だと判明したこともあった。

偶然はこれだけではない。あるとき、沖縄にある祖母の家がＣＭ撮影に使われるという話を聞いた。完成したCMを見てみると、太宰治の代表作である『走れメロス』をモチーフにしたCMで、祖母の家には「太宰」という表札がかかっていた。祖母の家が太宰の家になっていたというわけだ。

さらに、太宰の妻は「美知子」という名前で、又吉が三鷹に住んでいる頃に最初に付き合った女性の名前も「みちこ」だった。

又吉の太宰への偏愛が、そんな偶然を引き寄せたのかもしれない。

又吉が受賞した芥川賞は、太宰が取りたくて仕方がなかった賞でもあった。太宰は芥川に心酔していて、その名が冠されたこの賞をどうしても取りたかった。

1935年の第1回芥川賞で候補に選ばれるも、落選。強いショックを受けた。川端康成の選評に怒りを覚えて、文芸誌で反論文を発表するほどだった。

その後、選考委員の佐藤春夫に芥川賞を懇願する手紙を送ったりもしていた。だが、結局、彼は最後まで芥川賞を取ることはできなかった。

太宰が第1回芥川賞に落選した80年後、太宰を偏愛する又吉が芥川賞を受賞した。それは、太宰の魂が又吉に乗り移って悲願を達成したようでもあった。

又吉の笑いは文学的

又吉が作るネタの特徴は、叙情性と言葉に対する繊細さだ。通常人間が考えるよりも何段階か深いところまで物事を捉えているせいで、コントなどで描かれる世界も自然と深みのあるものになる。

また、なにげないせりふやギャグのひとつひとつにも、言葉そのものに対するこだわりが垣間見える。

又吉の一発ギャグとは以下のようなものだ。

直立不動でまっすぐ飛び跳ねながら「僕は恐らく、殺されるだろう」と言う。

上体を前後させて両腕を横に振る謎めいた動きをしながら「国家にとってよからぬ思想を持っています」と言う。

こういったギャグには、受け手にその背景となる物語を想像させるような力が秘められている。いわば、ギャグ自体に文学性がある。

こういった言葉に対する鋭い感性は、さまざまな分野で生かされている。

又吉は大喜利の名手としても知られている。大喜利が得意な芸人が集まって催される大喜利の大会『IPPONグランプリ』では、準優勝2回の実績を持つ。

『火花』を手がける前から、エッセイ執筆など文筆業でも精力的に活動していた。『鈴虫炒飯』（のちに『新・四字熟語』として文庫化）は、又吉が考案したオリジナルの四字熟語を紹介していく本。『カキフライが無いなら来なかった』『まさかジープで来るとは』は、作家のせきしろとの共著で、それぞれが作っている自由律俳句をまとめた句集。

書き言葉という形式の表現の可能性をどこまでも追求していくのが又吉のスタイルだ。

『火花』のその先へ

『火花』で芥川賞を受賞した又吉は、作品に対する世間の反応に必ずしも満足していたわけではなかった。なぜなら、マスコミの報道などでも小説の中身のことにはほとんど言及されず、受賞したという事実だけが取り上げられていたからだ。

芸人にとって、この人のネタおもしろいと思われたいというのは当たり前の欲求です。本を作る時も同じです。自分が書くものがおもしろくないんだったら出版するなよ、と自分でも思います。お金を出して買ってもらう限り、やっぱりおもしろいと思われたい。もしくは事件を起こしたい。別にそれは暴言を吐いたり、社会的なことを言うということではなく、あれは一体なんだったのだろうと、後からみんなの話題になるようなものを作りたいと思います。なんとなく、おもしろかったけど記憶に残らないのはさみしいんです。

（又吉直樹著『夜を乗り越える』小学館よしもと新書）

『火花』の主要な登場人物は、若手芸人の徳永と先輩芸人の神谷。徳永は熱海の花火大会の営業で神谷に出会い、彼のお笑いに対する姿勢に憧れ、師匠として慕うようになった。又吉にとって馴染みの深い芸人の世界をテーマにした真っ向勝負の作品だった。『火花』の軸となっているのは、徳永と神谷の間で交わされるお笑い談義である。著者である又吉は、その中にはかなり思い切った挑発的な表現もあると考えていた。

作品が話題になれば、それらの内容について議論が起こったり、批判の対象とされている特定の層から反感を買ったりするのではないかと思っていた。

どんなジャンルでも、新しい価値観を発見したり発掘したりするようなものは、若者に熱狂的に支持される一方、年配の人からは理解されなかったり、厳しい批判を受けたりする。又吉は『火花』という作品でそれを狙っていた。

だが、『火花』が芥川賞を受賞して多くの人に読まれるようになっても、そのような反応はほとんどなかった。この点に関しては、自分の作品にそれだけの力がなかったのだとあきらめるしかなかった。

また、作品自体を読まずに、又吉が話題になったり賞を取ったりしたこと自体に不満を述べるような人も多かった。「又吉に頼るようじゃ文学の世界も終わりだな」というような意見もあった。その手の反応にもうんざりしていた。

又吉は、自分が本の世界が好きなので、自分がきっかけになって少しでも読書に興味を持ち、本を読む人が増えればいい、と純粋に思っていた。

だが、そんな又吉の思いとは裏腹に、文学界の内部でも「又吉を認めるか、認めないか」「芸能人に文学賞を与えるのは是か、非か」というような不毛な議論ばかりが目についた。それも又吉を失望させていた。

だが、彼はそこで立ち止まってはいなかった。そういうときに作家ができることは、次の作品を書くことだけだ。又吉はその後も執筆を続けた。

２０１７年には2作目の『劇場』が出版された。そして２０１８年には3作目となる『人間』の連載が毎日新聞で始まった。

そもそも芥川賞は新人作家に与えられる賞である。作家・又吉直樹にとって、芥川賞はゴールではなくスタートだった。

お笑い界と出版界をまたにかけて活躍する又吉は、両方の分野を活性化させて盛り上げるキーパーソンとなっている。

2016年
（平成28年）

ピコ太郎『PPAP』が世界中で大ヒット

14章

『PPAP』はいかにして世界中に広まったのか

日本人のエンターテイナーが世界中に知られるスーパースターになる。少し前まではそんな話は夢物語でしかなかった。日本人の歌手やパフォーマーが海外進出を目指した例はこれまでにもあるし、そのいくつかは結果を残している。

ただ、文字通りの意味で世界を席巻するほどの大成功を収めた人は存在していなかった。２０１６年、ついに最初の成功例が現れた。ユーチューブで公開されたたった１本の動画が世界を動かした。日本のエンターテインメントが思わぬ形で世界に届いてしまった初めての例。『ＰＰＡＰ』の物語である。

２０１６年8月25日、「ピコ太郎」と名乗る男が自身のユーチューブチャンネルで『ＰＰＡＰ（Pen-Pineapple-Apple-Pen Official）ペンパイナッポーアッポーペン』という１本の動画を公開した。

１分余りの短い動画の中で、ヒョウ柄の派手な衣装を身にまとったピコ太郎は、「ペンパイナッポーアッポーペン」という謎のフレーズを繰り返しながら音に合わせてリズミカルに踊る。

この動画は公開されるとすぐにSNSなどを通じて拡散していった。ジャスティン・ビーバーがお気に入りの動画として紹介すると、再生回数もさらに飛躍的に伸びていった。ユーチューブでは、世界中のミュージシャンや一般人がこの曲をカバーする動画も多数アップされており、関連動画を含めると再生回数は2億回を突破した。

この現象は『CNN』『BBC』『TIME』などの海外メディアでも取り上げられるほどのビッグウェーブとなった。

日本でも中高生などの若い世代を中心に人気を博した。

10月7日には、この曲が世界134カ国で配信限定でリリースされた。アメリカの音楽チャート誌『ビルボード』の10月19日付シングルランキングでは77位にランクインした。

この「ピコ太郎現象」がテレビなどで紹介される際には「ジャスティン・ビーバーに紹介されたのがきっかけ」と言われることが多い。

もちろん間違いではないのだが、実はあの動画自体はそれ以前からネットの口コミでじわじわと世界に広まっていた。

最初のきっかけと言えるのは、動画コミュニティアプリの「MixChannel」である。ここで人気を博していた「まこみな」や「りかりこ」などの双子の女子高生が、『PPAP』のダンスを真似る動画を公開した。これを真似する人も相次いでいた。

それが世界的に有名な画像投稿サイト「9GAG」で紹介され、フェイスブックを通して広まった。それを受けて、海外でも『PPAP』のメタルバージョン、バラードバージョンなどの動画が制作されて、ユーチューブで公開された。これらはすべてジャスティンが紹介する前に起こっていることだ。

これだけの下地があった上で、ジャスティンがウェブで話題になっていた『PPAP』の存在を知った。それを面白がってツイッターで紹介したことで、拡散にますます拍車がかかったのである。

『PPAP』の音楽としての魅力

仕掛け人であるピコ太郎のプロデュースを手がける古坂大魔王は、動画をアップしたときにこれほどの反響があるとは想像もしていなかった。

ただ、結果的にこれだけ広まった理由は、『PPAP』が世界中の誰にでも理解できる単純な英語で構成されていたということ。そして、芸人がやるような「リズムネタ」という枠を超えて、世界に通用するキャッチーな音楽性があったということだ。

世界中で受け入れられると予想していなかったとはいえ、そうなってもおかしくないだけの音楽としての完成度の高さがあった。そこが重要だったのだ。

古坂大魔王はもともと芸人として「底抜けＡＩＲ－ＬＩＮＥ」というコンビ（初期はトリオ）で活動していた。当時から音楽とダンスにはこだわりがあり、ネタの中に自作の音楽や派手な動きを取り入れていた。

底抜けＡＩＲ－ＬＩＮＥが解散してからは、古坂はミュージシャンに転身。その後、芸人としての活動も再開して、二足のわらじを履くことになった。

笑いと音楽を融合させて独自の世界を作り出す古坂の芸風は唯一無二のものだった。

２０１７年3月19日放送の『関ジャム 完全燃ＳＨＯＷ』（テレビ朝日系）の中で、古坂はピコ太郎の音の秘密を赤裸々に語っていた。

『ＰＰＡＰ』のテンポは「ＢＰＭ（1分間の拍数）１３６」である。これは「マヌケさ」がかもし出されるテンポなのだという。

例えば、小島よしおの「そんなの関係ねえ」はＢＰＭ１２８。どぶろっくの「もしかしてだけど」はＢＰＭ１２４。

コミカルな歌ネタとして世間で人気を博すのは、ＢＰＭ１２０〜１４０ぐらいのテンポの曲が多い。なぜなら、これが笑いを誘うために最適な「マヌケさ」をかもし出すテンポだからだ。

また、曲の冒頭に出てくる音にもこだわった。ここで古坂は古い電子楽器「ＴＲ－８０８」に入っているカウベルの音を使っていた。この音が何とも言えないマヌケさがあって気に入っていたからだ。

さらに、スマホで聴くことを前提にした音作りにもこだわった。スマホはスピーカーの性能が貧弱なため、どうしても音にひずみ（ディストーション）が出てしまう。

だから、聴くときにそれが出てしまっても曲のクオリティが落ちないように、初めから聴きやすい程度のディストーションをかけた音を作った。

そのほかにも「マヌケさを出すためにリズム音を変化させずループさせる」「曲に疾走感を出すために部分的にハイハットの音を抜く」など、この番組で古坂は『ＰＰＡＰ』を作るときの音楽的なこだわりについて詳細に語った。

音楽としてのクオリティも高かったからこそ、世界中の人々にその魅力が伝わったのである。ただ面白いだけの楽曲だったなら、その動画がここまで拡散することはなかっただろう。

音楽に精通した人間をもうならせるような音作りに対するこだわりがあると、音楽にそれほど詳しくない一般人でも無意識のうちにそれを感じることができる。

現在のお笑い界で流行している歌ネタやリズムネタと言われるような音楽を使ったネタでも、そこで使われる音楽のクオリティは年々上がる一方だ。

「まずは音として優れていなければ、ネタとしても優れたものにならない」というのが芸人たちの間の共通認識である。『ＰＰＡＰ』はそんな音楽ネタの最高峰に位置するものだった。

聴いていて心地よい音。そして、ただ心地よいだけでなく、どこかマヌケさがあって面白い音。音で笑いを作るプロである古坂だからこそ、『ＰＰＡＰ』を生み出すことができたのだ。

ピコ太郎と日本

ピコ太郎の世界的な大ブレークについて、当時の日本のマスコミではどこか冷めたような感じで報道されていた。

「とにかくピコ太郎がすごいことになっているらしい」「世界中で人気を博しているらしい」「若者の間でも流行っているらしい」というふうに、伝聞口調で他人事のようなニュアンスで扱われていたのだ。

「らしい」をこれだけ重ねないと上手く言い表せないところに、ピコ太郎現象の特異性がある。

もちろん、大変なことになっていることを示す具体的な事実はあった。ユーチューブの週間動画再生回数ランキングで日本人初の世界一になった、楽曲が世界134カ国で配信された、といったことだ。

でも、実際のところ、いったい何が起こっているのか、これをどう受け止めていいのか、大半の日本人にはつかみきれていなかった。

なぜなら、日本ではタレントが「売れる」とは「テレビによく出ている」とほぼイコールの関係にあるからだ。

テレビにたくさん出ているわけでもないのにネット上ではやたらと流行っていて、世界各国でも話題になっている、という現象をどう捉えたらいいのかが分からない。「売れる」が臨界点を超えたとき、日本のマスコミにはそれを表す言葉がなかった。

何しろ、この感じの売れ方というのは、正真正銘、初めてのケースだ。日本人にとって日本以外の「世界」とは、具体的な評価をもらって帰ってくるだけの場所でしかない。

北野武が「世界のキタノ」と呼ばれるのも、オリンピックのメダリストが尊敬されるのも、賞やメダルという分かりやすい称号を手に入れて帰ってくるからだ。まだ何も得ていないはずなのに、世界中で人気だけを前借りしてしまったピコ太郎。この人はすごいのか、すごくないのか。

国内では、この手の爆発的な売れ方をする芸人は「一発屋（またはその予備軍）」という汚名を着せられ、見下される傾向がある。テレビに出る芸人の中でも最下層に位置づけられてしまう。

でも、その最下層であるはずのものが現に世界のトップに立っている。「先輩・後輩」「売れている・売れていない」「大手事務所・中小事務所」などの厳格な秩序のある日本の芸能界やお笑い界を飛び越えて、1本のネタだけが世界に届いてしまった。これはきわめて特異な例である。

実のところ、「芸能人」という肩書きにこだわっているのは、マスコミや芸能界の中の人だけだ。

世間一般の人にとっては、あるパフォーマンスを見るとき、それをやっている人が芸能人であるかどうかはどうでもいい。面白ければそれでいい、というのが普通の感覚だろう。つかみどころのないピコ太郎現象の本当の面白さは、ピコ太郎という異例の存在そのものが、日本という国、日本人という人種、日本の芸能界のあり方を改めて浮き彫りにしてしまった、というところにある。

「世界的に売れているらしいよ（笑）」という言い回しを「（笑）」で締めることができてしまうのは、結局のところ日本という国には外側がなく、多くの日本人にとって「世界」というのは自分たちに関係のない架空の場所でしかないからだ。

日本のマスコミにはまだピコ太郎を入れるための器がない。前例のないものをどう処理すればいいのか、試されているのはピコ太郎ではなく我々の方だった。

日本の芸能界の体質が限界を迎えている

ピコ太郎がブレークしたのと並行して、ユーチューブでの動画配信を活動の主軸にするユーチューバーが頭角を現していた。子供や若者に限れば、ユーチューバーの人気はもはやテレビに出ている芸能人と同等かそれ以上である。

芸能界のルールやテレビの常識に縛られず、自分たちが面白いと思うことをそのまま発信しているユーチューバーは、新しい刺激を求める若者にとって魅力的に見える。

ピコ太郎がブレークした時期には、日本の芸能界の異様さが浮き彫りになるような騒動が相次いでいた。その1つがＳＭＡＰの解散騒動である。

国民的な人気アイドルだったＳＭＡＰに解散騒動が持ち上がった。木村拓哉を除く4人のメンバーが、マネージャーと共にジャニーズ事務所から独立するという報道が出たのだ。

その後、2016年1月18日放送の『ＳＭＡＰ×ＳＭＡＰ』では、メンバー5人が喪服のような黒いスーツを着て生出演。神妙な顔で「世間を騒がせて申し訳ありません」という謝罪コメントを発表した。

何が問題だと思っていて、誰のために謝っているのか。具体的な話題には一切触れられることなく、国民的アイドルがなぜか生放送の全国ネット番組で謝罪を行った。それは明らかに異様な光景だった。

その後、8月には正式に解散することが発表され、12月31日には解散してしまった。2017年にはメンバーのうち稲垣吾郎、草彅剛、香取慎吾の3人が事務所を辞めて独立した。

2015年には女優の能年玲奈が所属事務所に無断で個人事務所を設立したことが報じられた。能年はNHKの連続テレビ小説『あまちゃん』で主演を務めて人気を博していたのだが、このトラブルが公になってからは事実上の活動休止状態に陥った。

その後も事務所との契約問題が解決しないまま、能年は芸名を「のん」と改めて活動することを余儀なくされた。

現在に至るまで、活動の場は舞台やネットドラマなどに限られ、映画や地上波のドラマには出演できていない。国民的な関心事でありながら、地上波のワイドショーやニュース番組でもこの問題には触れられていない。

このように、日本の芸能界の閉鎖的な体質を象徴するような出来事が立て続けに起こり、自由なネットの世界とのギャップが浮き彫りになった。

インターネットが世界中を結んでいる今の時代、情報は特定の誰かがコントロールしようとしてできるものではない。それなのに、日本の芸能界ではいまだに旧態依然とした「業界の掟」がまかり通っている。

そんな日本の芸能界の限界に気付いた人たちは、続々と世界に目を向けている。お笑い界でもそれは例外ではない。

そして芸人は世界を目指す

ピコ太郎フィーバーと時を同じくして、多くの芸人が世界市場に向けた活動に乗り出している。

キングコングの西野亮廣は2009年に『Dr．インクの星空キネマ』という絵本を出版して以来、絵本作家としての活動を本格的に始めた。2013年にはニューヨークで個展を開催。

「ディズニーを超える」を合言葉に、絵本執筆、ビジネス書の執筆、オンラインサロンの運営、イベントのプロデュースなど多岐にわたる活動を行っている。

ビヨンセの口パクものまねで知られる女性ピン芸人の渡辺直美は、2014年に芸の幅を広げるため3カ月間活動を休止してニューヨークに留学した。ダンスと語学を磨くのが目的だった。

それから彼女の快進撃が始まった。2016年にはインスタグラムのフォロワー数で日本一になり、ニューヨーク、ロサンゼルス、台北を回るワールドツアーも開催した。

彼女は芸人の枠を超えたファッションアイコンとして若い女性を中心に圧倒的な支持を受けている。

海外でもその名は知られるようになりつつあり、海外でのイベント出演の仕事も多い。2018年にはアメリカの雑誌『TIME』で「ネットで最も影響力のある25人」に選ばれた。トランプ大統領や歌手のリアーナと並んで、日本人では唯一の快挙だ。

ウーマンラッシュアワーの村本大輔は2018年にラジオ番組の中で「もう日本のテレビに興味はない」と語り、2年後をめどにアメリカに渡ってスタンダップコメディをやりたいという野望を明かした。

また、ピースの綾部祐二は「世界で通用するエンターテイナーになる」という目標を掲げ、2017年にすべてのレギュラー番組を降板して単身ニューヨークに旅立った。

彼らは日本を捨てたわけではなく、日本のテレビや芸能界ではできないことを実現させるために、海外という舞台を自ら選んでいる。このような例はこれからも増えていくだろう。

ピコ太郎が芸能界に風穴を開けた

くりぃむしちゅーなど、同世代の芸人たちはみんな口を揃えて古坂のことを「天才」だと太鼓判を押してきた。しかし、「楽屋にいるときが一番面白い」「テレビでは良さを発揮できない」などとも言われてきた。

古坂のネタや芸風はいわゆる漫才やコントといった伝統的なお笑いネタの枠には収まりきらないものだったため、そこではなかなか認められなかった。

芸人は、ネタ番組では「ネタ」が求められ、バラエティ番組では「キャラ」が求められる。ネタの面白さが認められて世に出た芸人のうち、愛されるキャラを持っている人だけがテレビタレントとして次のステージに進むことができる。

古坂はマルチな才能を持った天才的な人間だったが、その才能はここ20年ほどのテレビバラエティの文脈には乗らないものだった。

芸人はテレビで売れなければ「売れた」と認めてはもらえない。そのため、古坂は雌伏の時を過ごしていた。

だが、ここ数年、状況がガラッと変わった。インターネット環境が激変して、動画サイトが乱立。若い世代を中心に動画サイトの支持者が増え、そこから新たなスターやブームが生まれる土壌ができてきた。

ネット上でウケるネタには、構成も伏線もフリ・オチも要らない。その場のノリが重視され、短い時間で気軽に楽しめることが重要だ。ノリの良さを売りにして、短い時間で伝わるネタを追求してきた古坂は、ここへ来てようやく時代の波に乗ることができた。

言葉の面白さを掘り下げてきた従来の日本のお笑いは、独自の高みに達しているが、言葉の壁があるので海外進出とは相性が悪い。

だが、古坂は音楽を武器にその壁をやすやすと乗り越えていった。

彼はピコ太郎というプロジェクトを通して「日本の芸人が海外で通用するのか？」という昔からある問いに1つの答えを出した。もちろん、やり方次第では通用するのである。

平成が終わる頃にようやく示された『ＰＰＡＰ』という１つの希望。それは、日本の芸能界やお笑い界に風穴を開けて、世界への道を切り開くものだった。

おわりに

本書では、14の事件を素材にして平成のお笑いの歴史を駆け足で振り返ってきた。

以下、平成のお笑い界全体の流れを前期・中期・後期という3つの時期に分けて簡単にまとめておきたい。

前期（1989〜1998年）には、とんねるず、ウッチャンナンチャン、ダウンタウンらの「お笑い第三世代」が台頭して、タモリ・たけし・さんまの「お笑いビッグ3」と並ぶ存在になっていった。

90年代前半にバブル経済は崩壊していたが、テレビ業界ではその後もしばらく好景気が続いていた。大がかりなセットを組むようなコント番組も存在していた。

90年代半ばにはダウンタウンが覇権を握り、その後も長くお笑い界の頂点に君臨することになった。

中期（1999〜2010年）には、『爆笑オンエアバトル』『M−1グランプリ』『エンタの神様』『爆笑レッドカーペット』など若手の登竜門と言われるようなネタ番組が人気を博し、空前の若手芸人ブームが起こった。この時期からテレビに出る芸人の数が爆発的に増えていった。

一方で、『アメトーーク！』などのひな壇トークバラエティ番組も増えていき、トークやコメントの上手さが重視されるようになっていった。

後期（2011年〜2019年）にはお笑いブームが去り、地上波テレビでは純粋なお笑い番組が激減してしまった。

2011年の東日本大震災で自粛ムードが高まり、バラエティ番組が放送中止になったり、お笑いライブが中止になったりしたことで、ブームの終焉は決定的なものになった。

それ以降、お笑い界では新しいスターが出てくることが難しくなっている。ビートたけし、明石家さんま、ダウンタウンといったレジェンド芸人はずっと頂点に君臨していて、下の世代が彼らを打ち倒せる見込みがない。

そんな状況に閉塞感を感じて、一部の芸人は海外を目指すなどの新しい動きを見せている。

では、これからのお笑いはどうなっていくのか？　ここからは私の予想を述べていきたい。

現在、地上波のゴールデンタイムでは高齢者向けの番組ばかりが放送されている。視聴者の大半が高齢者であり、そこを狙った方が視聴率を取れる可能性が高いからだ。

これからも高齢者の割合は増えていく一方なので、この傾向はさらに続くだろう。若者向けのバラエティ番組はどんどん少なくなっていき、地上波という場では若者文化としてのお笑いは衰退していくことになる。

テレビが普及して以来、笑いの中心地はテレビにあった。本書は平成のお笑い史をテーマにしているが、実質的にはほとんど平成の「テレビお笑い史」を扱うものになっている。テレビに関係していない話題はほとんどない。これ自体が、平成時代には笑いの中心地がテレビにあったということを象徴している。

だが、それもこれからは変わっていくことになるだろう。ユーチューブやネットフリックスのようなウェブメディアが新しい中心地になるのか、それとも「笑いの中心地」という概念そのものが失われてしまうのか。具体的にどうなっていくのかはまだ分からない。

ただ、地上波テレビでお笑い番組が減ってしまったとしても、芸人という存在のニーズはなくならないどころか、ますます高まっていくだろう。

現在もそうだが、芸人の仕事は狭い意味での「お笑い」だけにとどまらない。いまやどんなジャンルの番組にも芸人が進出しているし、趣味や特技を生かして、テレビや舞台以外の場所で活躍している芸人も多い。「芸人」という言葉の意味するものがさらに広くなり、芸人という職業の可能性も広がっていくだろう。

どんなに時代が移り変わっても、人々の「笑いたい」という素朴な気持ちは変わらない。お笑いという文化そのものは、時代によって形を変えながらも末永く続いていくだろう。お笑いファンとして、これからもそれを見守っていきたいと思う。

サンドウィッチマン著『敗者復活』(幻冬舎)
島田紳助著『いつも風を感じて』(KTC中央出版)
高田文夫著『笑うふたり 語る名人、聞く名人』(中公文庫)
又吉直樹著『火花』(文藝春秋)
又吉直樹著『劇場』(新潮社)
又吉直樹著『第2図書係補佐』(幻冬舎よしもと文庫)
又吉直樹著『東京百景』(ワニブックス)
又吉直樹著『夜を乗り越える』(小学館よしもと新書)

主な参考文献

大竹しのぶ著『私一人』(幻冬舎)
ビートたけし著『顔面麻痺』(太田出版)
森昌行著『天才をプロデュース?』(新潮社)
ビートたけし著『たけしの死ぬための生き方』(新潮文庫)
北野武著『余生』(ソフトバンク文庫)
北野武著『孤独』(ソフトバンク文庫)
北野武著『時効』(ソフトバンク文庫)
引田惣彌著『全記録テレビ視聴率50年戦争』(講談社)
山田邦子著『こんなはずじゃなかった』(毎日新聞社)
小倉千加子著『アイドル時代の神話』(朝日文芸文庫)
伊藤愛子著『ダウンタウンの理由。』(集英社)
常松裕明著『笑う奴ほどよく眠る 吉本興業社長・大﨑洋物語』(幻冬舎)
松本人志著『松本坊主』(ロッキング・オン)
萩本欽一著『まだ運はあるか』(大和書房)
萩本欽一著『なんでそーなるの!萩本欽一自伝』(集英社文庫)
萩本欽一著『ダメなときほど運はたまる』(廣済堂新書)
上岡龍太郎著『上岡龍太郎かく語りき』(ちくま文庫)
戸田学著『上岡龍太郎 話芸一代』(青土社)
戸田学著『話芸の達人 西条凡児・浜村淳・上岡龍太郎』(青土社)
木村元彦著『すべての「笑い」はドキュメンタリーである』(太田出版)
立川談志著『談志百選』(講談社)
笑福亭鶴瓶著『哀しき紙芝居』(シンコー・ミュージック)
有吉弘行著『お前なんかもう死んでいる』(双葉文庫)

ディスカヴァー
携書
213

教養としての平成お笑い史

発行日　2019年3月15日　第1刷

Author　ラリー遠田

Illustrator　ヤギワタル
Book Designer　杉山健太郎

Publication　株式会社ディスカヴァー・トゥエンティワン
〒102-0093　東京都千代田区平河町2-16-1 平河町森タワー11F
TEL　03-3237-8321（代表）03-3237-8345（営業）
FAX　03-3237-8323
http://www.d21.co.jp

Publisher　干場弓子
Editor　千葉正幸　林拓馬

Marketing Group
Staff　清水達也　小田孝文　井筒浩　千葉潤子　飯田智樹　佐藤昌幸
谷口奈緒美　古矢薫　蛯原昇　安永智洋　鍋田匠伴　榊原僚
佐竹祐哉　廣内悠理　梅本翔太　田中姫菜　橋本莉奈　川島理
庄司知世　谷中卓　小木曽礼丈　越野志絵良　佐々木玲奈　高橋雛乃

Productive Group
Staff　藤田浩芳　原典宏　林秀樹　三谷祐一　大山聡子　大竹朝子
堀部直人　松石悠　木下智尋　渡辺基志

Digital Group Staff　松原史与志　中澤泰宏　西川なつか　伊東佑真　牧野類　倉田華
伊藤光太郎　高良彰子　佐藤淳基　岡本典子　三輪真也　榎本貴子

Global & Public Relations Group
Staff　郭迪　田中亜紀　杉田彰子　奥田千晶　連苑如　施華琴

Operations & Accounting Group
Staff　山中麻吏　小関勝則　小田木もも　池田望　福永友紀

Assistant Staff　俵敬子　町田加奈子　丸山香織　井澤徳子　藤井多穂子　藤井かおり
葛目美枝子　伊藤香　鈴木洋子　石橋佐知子　伊藤由美　畑野衣見
井上竜之介　斎藤悠人　宮崎陽子　並木楓　三角真穂

Proofreader　株式会社鷗来堂
DTP　株式会社RUHIA
Printing　共同印刷株式会社

本書へのご意見ご感想は下記からご送信いただけます。
http://www.d21.co.jp/contact/personal

ISBN978-4-7993-2451-6

携書ロゴ：長坂勇司
携書フォーマット：石間　淳